Doron Posnanski

Energiearbeit

Die Sprache deiner Seele

AF282597

Yogado

Doron Posnanski

Energiearbeit
Die Sprache deiner Seele

Verlag: BoD · Books on Demand GmbH, In de Tarpen 42, 22848
Norderstedt, bod@bod.de
Druck: Libri Plureos GmbH, Friedensallee 273, 22763 Hamburg

ISBN: 978-3-7693-5507-9

Within me,
there lie wonders,
outside of me,
there they are.

Iliriana Maksutaj

Inhaltsverzeichnis

Teil 1
Einleitung

Wer ist in deinem Tempel?

Dieses Buch möchte dir dabei helfen, eine verborgene Dimension in dir zu entdecken. Es geht darum, eine Verbindung zu einer inneren Quelle zu schaffen, die deinem Körper Vitalität schenkt und deinen Geist mit Klarheit, Intuition und Inspiration erfüllt. Diese Verbindung öffnet dir das Tor zu einem ganzheitlichen Gefühl von Wohlbefinden und Glück.

Wenn du dieses Buch in deinen Händen hältst, deutet das darauf hin, dass du bereits eine intuitive Ahnung hast, dass diese Quelle in dir schlummert. Könnte es sein, dass genau diese Quelle das ist, wonach du schon immer gesucht hast?

Energiearbeit ist für jede Person zugänglich. Mit diesem Buch möchte ich den esoterischen und manchmal abergläubischen Ruf der Energiearbeit entkräften und sie entmystifizieren. Auch wissenschaftlich orientierte

Leser und Skeptiker werden hier Erklärungen finden, die aufzeigen, wie Energiearbeit mit unserem modernen wissenschaftlichen Verständnis im Einklang steht.

Ich bin in einer zutiefst atheistischen Gesellschaft aufgewachsen, umgeben von Menschen, die das Zerbrechen der vermeintlichen göttlichen Ordnung im Zweiten Weltkrieg miterlebten und verletzt in einer Welt ohne Heiligkeit und Religion lebten. Als Teil dieser Gesellschaft wurde auch ich von einer Weltsicht geprägt, die tief in Wissenschaft und Logik verwurzelt war, und ich distanzierte mich von allem, was nach Religion oder abergläubischem Denken roch. Die Idee, dass etwas jenseits der greifbaren, rationalen Welt existieren könnte, kam mir naiv vor, vielleicht sogar gefährlich.

Trotzdem, oder vielleicht parallel dazu, sehnte ich mich immer nach etwas Grösserem. Etwas, das allem einen tieferen Sinn geben könnte und vielleicht Versöhnung und Heilung für mich und meine Umgebung bringen würde. Eins war mir klar: Die Realität, die wir erleben, kann auch mehrdimensional erfahren werden.

Die Antwort suchte ich in Büchern über Psychologie, Philosophie und Religion. Ich suchte sie auch in Pop-Liedern und Kunst. Ich suchte sie in Begegnungen mit Menschen. In ihren Worten und Augen. Ich suchte sie in Indien.

Schon lange wusste ich, dass Indien das Ursprungsland von Yoga und Meditation war. Doch erst während meines Aufenthalts in Indien im Jahr 1993 erlebte ich persönlich, wonach ich lange gesucht hatte. Es war nach einer tiefgreifenden Hatha-Yoga-Stunde in einem Ashram in Rishikesh, Nordindien. Unerwartet durchströmte mich eine sehr besondere Empfindung, die nicht nur meinen Körper, sondern auch meine Umgebung zu erfüllen schien. Es war, als ob ich plötzlich eine Verbindung zu einer tieferen Ebene des Lebens spürte, zu einer Dimension jenseits des Alltäglichen. Als hätte sich eine Tür zur Transformation und ein neues Verständnis von mir selbst und von der Welt eröffnet. Es war der Beginn einer inneren Reise, die mich zu neuen Erkenntnissen führte.

Diese mysteriöse Kraft, die ich in mir spürte und die mich von innen heraus veränderte, wurde sehr treffend in einem Gedicht des berühmten bengalischen Dichters Rabindranath Tagore (1861-1941) beschrieben:

Who is in my temple?
Who is in my temple?
All the doors do open themselves;
All the lights do light themselves.
Darkness, like a dark bird,
flies away, oh, flies away.

Wer ist in meinem Tempel?
Wer ist in meinem Tempel?
Alle Türen öffnen sich von selbst;
Alle Lichter leuchten von selbst.
Die Dunkelheit, wie ein Schattenvogel,
fliegt davon, oh, fliegt davon.

Und dieser Tempel war ich. Dieser Tempel war mein Körper. In ihm wurde eine neue Präsenz lebendig – neu, und doch so vertraut. Seit dieser Reise nach Indien, auf der ich meine ersten Schritte in die Welt des Yoga, der Energiearbeit und der tiefen Meditation gemacht habe, sind nun 30 Jahre vergangen. In dieser Zeit habe ich eine Ausbildung in energetischer Heilung abgeschlossen und meinen authentischen Weg gefunden, diese Kraft in mir zu verkörpern und zu verstehen. Nicht sofort brach meine skeptische Weltsicht auf. Ich brauchte Zeit, um Brücken zu schlagen und die richtigen Worte zu finden. Ich brauchte Zeit, bis ich diese und alle späteren Erfahrungen in eine objektive, wissenschaftlich orientierte Botschaft umwandeln konnte.

Über das Buch

Der Essenz der Energiearbeit geht über Worte hinaus. Sie stellt eine zutiefst persönliche und individuelle

Erfahrung dar. Du bist daher eingeladen, dieses Buch nicht nur als Konsument zu lesen, der Informationen sammelt, sondern als aktiver Leser. Das bedeutet, die Worte und Symbole dieses Buches in deine eigene innere Symbolsprache zu übersetzen und Wege zu finden, den Inhalt für dich stimmig zu machen. Die Einladung besteht darin, herauszufinden, wie du die Informationen dieses Buches so interpretieren kannst, dass sie für dich Sinn ergeben. Wenn dich jedoch ein Abschnitt nicht anspricht oder Widerstände in dir auslöst, ist das vollkommen in Ordnung. Du kannst diesen Teil einfach beiseitelegen – vielleicht wird er zu einem späteren Zeitpunkt in dir Resonanz finden.

Im ersten Teil des Buches wird ein gemeinsames Fundament geschaffen, auf dem die Grundlagen der Energiearbeit gelegt werden. Im folgenden Kapitel wird ein kurzer Überblick über die historische Entwicklung der Energiearbeit vorgestellt. Dieses Kapitel soll keine detaillierte Darstellung bieten, sondern vielmehr eine Perspektive darauf, wie die Entwicklung der Energiearbeit betrachtet werden könnte. Diese Sichtweise öffnet eine Tür zu tieferem intuitivem Verständnis der Energiearbeit.

Im weiteren Verlauf wird das Potenzial der Energiearbeit sowie ihre positiven Auswirkungen auf das Wohlbefinden erläutert. Der Begriff **Energie** wird erklärt, von anderen Konzepten abgegrenzt und das Konzept der Energiearbeit als metaphorische Symbolsprache nähergebracht. Dabei wird das Energiefeld nicht als etwas betrachtet, das die Realität beschreibt, sondern vielmehr als ein Ansatz, der aufzeigt, wie die Realität erlebt werden kann.

Im zweiten Teil werden die wesentlichen Bausteine der Energiearbeit vorgestellt, darunter das Energiefeld, die Energiebahnen, die Chakren und die Aura, die den Energiekörper umgibt. Im dritten Teil werden Konzepte eingeführt, die die Leser und Leserinnen dazu anregen, ihre Praxis zu vertiefen und ihren authentischen Weg zu entdecken.

Im letzten Teil des Buches wird die Reise durch die Chakren noch intensiver erlebt, und neue, verborgene Dimensionen des eigenen Chakrasystems werden entdeckt – Dimensionen, die tiefere Schichten des Bewusstseins offenbaren und dessen volles Potenzial freisetzen.

Die Meditationen im Buch

Dieses Buch ist ein bisschen wie ein Kochbuch – nur durch Lesen wird niemand satt! Daher ist es wichtig, die Meditationen im Buch nicht nur durchzublättern, sondern aktiv zu erleben. Nur so wird Energiearbeit zur authentischen Praxis.

Zum Zeitpunkt des Schreibens dieser Zeilen ist geplant, zumindest einen Teil der Meditationen aufzunehmen und online zur Verfügung zu stellen. Besuche dazu gerne die Internetseite *www.yogado.org* im Bereich *Meditationen*. Falls die Meditationen online nicht erhältlich sind, kannst du sie auch durchlesen, das Konzept verstehen und sie anschliessend selbst durchführen. Du kannst dich auch selbst aufnehmen und die Meditation auf diese Weise durchführen. Angenehme Musik kann dich in diesem Prozess begleiten und dabei helfen, Störungen aus der Aussenwelt zu überdecken.

Für die Meditation wähle eine Sitzposition, in der du dich wohlfühlst. Manche Meditationen lassen sich auch im Liegen durchführen. Wichtig ist, dass die Position angenehm ist und dich nicht durch Unannehmlichkeiten ablenkt. Gleichzeitig sollte sie so gewählt sein, dass du wach und präsent bleibst, ohne einzuschlafen.

Zu Beginn jeder Meditation nimm dir Zeit, anzukommen und ganz präsent zu sein. Am Ende der Meditation gönne dir einen Moment, um langsam in den Alltag zurückzukehren, bevor du behutsam die Augen öffnest.

Die Länge der Meditationen kann variieren. Manchmal ist es hilfreich, eine Stoppuhr einzustellen, um sich nicht von der Zeit ablenken zu lassen. Bei Meditationen, die sich mit den Chakren befassen, wird für jedes Chakra eine bestimmte Zeit eingeplant. Es kann nützlich sein, einen Timer zu verwenden, der beispielsweise alle zwei Minuten ein Signal gibt, um die Zeit für jedes Chakra im Blick zu behalten. Es gibt zahlreiche Meditations-Apps, die diese Funktion anbieten.

Was ist Energiearbeit?

Viele alte Traditionen gingen von der Vorstellung aus, dass der Körper und das gesamte Universum aus einem unsichtbaren, feinstofflichen Geflecht bestehen, das Menschen und Natur formt und beeinflusst. In frühen Kulturen und Zivilisationen wurde erkannt, dass die wahrnehmbare Realität, die den Gesetzen der Physik sowie der vorhersehbaren Ursache und Wirkung folgt, nur die Spitze des Eisbergs ist. Dahinter verbirgt sich eine tiefere Realität, die die Welt tatsächlich bewegt.

Mit diesem Verständnis suchten sie nach Wegen, die Grundlagen dieser tieferen Realität zu entdecken, um ihre unmittelbare Umgebung und darüber hinaus zu beeinflussen. Sie nutzten dieses Wissen, um das Wetter zugunsten der Landwirtschaft zu beeinflussen, den menschlichen Körper zu heilen, den Sinn des Lebens zu verstehen und spirituelle Fortschritte zu erreichen.

Damit sie mit der verborgenen Realität, die jenseits der menschlichen Sinne liegt, in Kontakt treten konnten, griffen sie auf Symbole zurück. Diese Symbole nehmen oft die Form menschenähnlicher Wesen wie Götter, Engel und Geister an. Diese Wesen, ausgestattet mit menschlichen Eigenschaften und Gestalten, konnten angerufen, verehrt und geehrt werden. Sie besassen die Macht, Gnade zu gewähren oder Strafen zu verhängen.

Die Urkulturen erkannten jedoch auch eine andere Art von Symbolen. Es handelte sich um neutrale, subtile und formlos wirkende Kräfte, deren Eigenschaften nicht von Menschen, wie bei Göttern und Engeln, sondern von der Natur selbst geprägt waren. Diese Kräfte zeigten weder menschliche Emotionen noch moralische Ansprüche, sondern offenbarten sich durch Qualitäten wie Fluss und Bewegung, Licht, Kraft, Schwere, Farbe, Wärme und Ausstrahlung.

Das Wissen darüber, wie die Menschen diese Kräfte gezielt beeinflussen können, um sowohl das eigene Leben als auch die sichtbare Welt um sie herum nachhaltig zu verändern, bildet das Herzstück der Energiearbeit.

Viele Formen der Energiearbeit sind zu verschiedenen Zeitaltern und in verschiedenen Teilen der Welt entstanden. Dabei entdeckten die Menschen Symbole, die oft stark variierten, weil sie ihre jeweiligen Kulturen widerspiegelten.

In China ist Energiearbeit tief in der Tradition verwurzelt, insbesondere durch Praktiken wie Qigong und Tai Chi. Diese Techniken nutzen Atemkontrolle, Bewegung und Meditation, um das Qi, die Lebensenergie, zu harmonisieren. In der Akupunktur werden Meridiane als Energiekanäle angesehen, durch die das Qi fliesst. Entlang dieser Meridiane werden Nadeln an spezifischen Punkten platziert, um Blockaden zu lösen und den Energiefluss zu stimulieren.

In Indien ist Energiearbeit tief in den spirituellen und medizinischen Traditionen verwurzelt. In Praktiken wie Yoga und Pranayama – der bewussten Kontrolle der Atmung – spielt Energiearbeit eine zentrale Rolle bei der Harmonisierung von Körper und Geist. Ebenso das Chakrensystem, das die Energiezentren im Körper umfasst. Der Ausgleich der Chakren durch Meditation, Mantras und Körperhaltungen soll ein spirituelles Erwachen fördern.

Ayurveda, die traditionelle indische Heilkunst, nutzt Kräuter, Ernährung und Massagen, um den Energiefluss zu fördern. Nach der Yoga-Philosophie leiten Nadis, feinstoffliche Energiekanäle, das Prana, die Lebensenergie, durch den menschlichen Körper. In späteren Kapiteln werden die verschiedenen Aspekte der Energiearbeit im Yoga ausführlich erläutert.

Bemerkenswert sind die Gemeinsamkeiten, die die

alten Traditionen miteinander vereinen. Sie basieren auf der Vorstellung, dass es eine verborgene Ebene der Realität gibt, die mit unserer sichtbaren Welt in Wechselwirkung steht und subtile Kräfte wie das Qi in der chinesischen Lehre oder das Prana in der Yoga-Tradition umfasst.

Gleichzeitig fallen auch die Unterschiede auf, die diese Traditionen prägen. So zeichnen sie unterschiedliche energetische Karten, die die Energiebahnen im menschlichen Körper darstellen, und stützen sich auf scheinbar widersprüchliche philosophische Ansätze. Selbst innerhalb des Hinduismus finden sich auf den ersten Blick zahlreiche Widersprüche: von der Anzahl der Nadis, die den Körper durchziehen – Schätzungen reichen hier von 72.000 bis 350.000 – bis hin zur Zahl der Hauptchakren, die je nach Quelle zwischen sechs und elf variiert.

Diese Unterschiede sollten jedoch nicht als Beweis dafür interpretiert werden, dass diese Methoden nicht glaubwürdig sind oder ihre Wirksamkeit fraglich ist. Schliesslich geht es hier um Symbole, die die alten Traditionen in ganz anderen Zeiten und Regionen der Welt entwickelt haben. Die Symbole sind lediglich eine Repräsentation einer Dimension, die den menschlichen Sinnen verborgen bleibt und vom Verstand nicht vollständig erfasst werden kann. Als Symbole sind sie wie

Wegweiser zu verstehen und nicht als eine starre, objektive Wahrheit.

Auch die Argumentation, dass diese Traditionen veraltet sind und auf überholtem Wissen basieren, ist nicht relevant. Ja, es stimmt: Die heutige Gesellschaft hat die materielle Welt gründlich erforscht und die physikalischen Gesetze, die sie beeinflussen, gut erkannt. Auch die Umgebung, in der die moderne Menschheit lebt, hat sich dramatisch verändert. Doch die biologische und psychische Struktur der Menschen sowie ihr Bewusstsein und die tieferen Dimensionen, die sie beeinflussen, haben sich kaum gewandelt.

Überdies bleibt die Energiearbeit in der modernen Gesellschaft von grosser Relevanz. Obwohl die wissenschaftliche Denkweise heutzutage dominiert und der Glaube an höhere Kräfte oft kritisch betrachtet wird, sind diese Traditionen weiterhin lebendig und bieten wertvolle Perspektiven.

In der modernen Welt wird dieser Glaube jedoch häufig kommerzialisiert und auf oberflächliche Aspekte reduziert. Dabei geraten die tiefen Wurzeln und die historische Bedeutung dieser Lehren oft in Vergessenheit. Eine kulturelle Aneignung im Dienst des Profits ist weit verbreitet und richtet sich an leichtgläubige Anhänger.

Spirituelle Lehren werden oft für Zwecke verwendet, für die sie ursprünglich nicht gedacht waren. So wird

Yoga häufig nur praktiziert, um den Körper zu formen, während Meditation dazu genutzt wird, Produktivität zu steigern. Anstatt ihre tiefere spirituelle Bedeutung zu erforschen, werden ihre Ansätze als Instant-Lösungen gebraucht. Statt zur Öffnung eines Tors zu einer tieferen Dimension des Bewusstseins dienen sie dazu, das oberflächliche, leicht zu triggernde Ego zu stärken.

Die Abkopplung von ihren Wurzeln und der Verlust der Verbindung zu ihrem ursprünglichen Zweck und Kontext führen dazu, dass die Lehren unter dem leiden, was als spiritueller Klatsch bezeichnet werden kann – Niemand weiss mehr genau, was wahr ist und worauf dieses Wissen basiert und Aberglaube sowie falsche Interpretationen verbreiten sich weiter. Pseudowissenschaftliche oder unglaubwürdige Studien werden genutzt, um Theorien zu untermauern, und der ständige Hunger nach Content in den sozialen Medien beschleunigt diesen Prozess noch zusätzlich.

Zum Beispiel glauben viele Menschen, genau zu wissen, wie die Chakren geöffnet werden können und welche Folgen ihre Blockaden haben könnten – obwohl sie dies weder selbst erfahren noch genauer untersucht haben. Das Tor steht Scharlatanen weit offen, wenn Menschen und Gesellschaft ihre Fähigkeit zur kritischen Beurteilung nicht aktiv nutzen.

Dennoch bewahren diese Traditionen eine tiefe

Weisheit und Kraft, die bis heute ihren Glanz entfalten. Sie laden die Menschen ein, ihre Perspektiven zu erweitern und neue Wege der Erkenntnis zu beschreiten. Gleichzeitig bieten sie eine wichtige Balance in einer Welt, die oft von Rationalität und Logik dominiert und dadurch eingeschränkt wird.

Wir alle sehnen uns nach einem erfüllten und sicheren Leben. Doch das Leben stellt uns immer wieder vor Herausforderungen: Wir werden krank, altern, verlieren Arbeit und Geld, erleben Konflikte mit Familie, Nachbarn und zwischen Nationen. Zudem wünschen wir uns angenehmen Wohnraum und immer das schönste Wetter.

Energiearbeit ist kein Zaubertrick, um all diese Probleme einfach zu lösen. Vielmehr bietet sie uns die Möglichkeit, auf eine nachhaltige Weise mit diesen Herausforderungen umzugehen und an ihnen zu wachsen. Sie öffnet uns die Tür zu innerer Stärke und Balance und führt uns zu einer inneren Quelle, die sich im Aussen manifestiert. Energiearbeit lädt uns ein, das Leben mit all seinen Höhen und Tiefen bewusst und kraftvoll zu meistern.

Das kann Energiearbeit bewirken

Kritiker sehen Energiearbeit oft als kindlichen oder abergläubischen Versuch, den tatsächlichen Herausforderungen des Alltags zu entfliehen. Diese Kritik ist oft berechtigt und wurzelt nicht nur in der Unwissenheit der Kritiker, sondern auch in der oberflächlichen Anwendung der Energiearbeit.

Energiearbeit sollte nicht als Flucht vor den Herausforderungen des Lebens oder als Mittel zur Vermeidung schwieriger Handlungen betrachtet werden. Vielmehr ist sie eine kraftvolle Methode, innere Stärke zu erwecken, Mut zu finden und den Weg der Selbstentfaltung zu beschreiten. Die Strategie des Fliehens und Vermeidens mag es ermöglichen, Probleme vorübergehend zu umgehen. Doch diese Herausforderungen kehren oft zurück, manchmal sogar mit höherer Intensität. Dabei geht die Chance verloren, aus ihnen zu lernen, zu wachsen und eine neue Freiheit zu erleben.

Energiearbeit bleibt dennoch ein vertrauenswürdiger Weg, um sich ganzheitlich mit äusseren Herausforderungen auseinanderzusetzen. Oft spiegeln die Herausforderungen in der äusseren Welt innere psychische Blockaden und destruktive Verhaltensmustern wider. Der Versuch, diese Probleme nur rein äusserlich zu lösen, birgt das Risiko, immer wieder auf die gleiche Blockade und Verhaltensmuster zu stossen oder sogar zusätzliche innere Blockaden zu schaffen. Dies passiert zum Beispiel, wenn Menschen Beziehungen beenden und Lebenspartner wechseln. Obwohl sie neue Partner finden, treten oft die gleichen Probleme erneut auf. Ein weiteres Beispiel sind Krankheiten, die nur symptomatisch behandelt werden. In solchen Fällen werden die betroffenen Menschen zwar kurzfristig geheilt, doch die Krankheit kehrt oft aggressiver zurück.

Energiearbeit hingegen konzentriert sich darauf, die innere Welt zu erkunden und in Harmonie zu bringen, um das innere Wachstum zu fördern und dadurch äussere Hindernisse zu überwinden.

Bewusstseinsänderung

Das Ziel der Energiearbeit ist in erster Linie, wohlwollende Veränderungen im Bewusstsein zu bewirken, indem sie den Zugang zu einer tieferen, inneren Ebene des Selbst ermöglicht. Energiearbeit umfasst eine kraftvolle Sammlung von Techniken, die Menschen dabei unterstützen, einen meditativen Bewusstseinszustand zu erreichen und zu kultivieren. Dieser Bewusstseinszustand kann durch Energiearbeit erweitert, grundlegend verändert und angehoben werden. Die Veränderung des Bewusstseinszustands öffnet den Praktizierenden Wege zu persönlichem Wachstum, innerer Freiheit und der Fähigkeit, Herausforderungen mit Klarheit und Stärke zu begegnen.

Ein Bewusstseinszustand ist der Zustand des Geistes, der Wahrnehmungen, Gedanken, Emotionen und das allgemeine mentale und emotionale Erleben umfasst. Es beschreibt die Art und Weise, wie die Welt und das Selbst wahrgenommen und interpretiert werden. Bewusstseinszustände können variieren, von alltäglichen Zuständen bis hin zu tieferen, meditativen oder tranceartigen Zuständen. Durch Techniken wie Meditation, Achtsamkeit wie auch Energiearbeit kann der Bewusstseinszustand bewusst beeinflusst, erweitert und vertieft werden. Dies ermöglicht ein klareres Denken, emotionale Ausgeglichenheit und ein tieferes Verständnis für das Selbst und die Umgebung.

Im Körper verankerte Meditation

Energiearbeit nutzt die Wahrnehmung des Körpers und seiner inneren Vorgänge als Anker, um den meditativen Prozess zu vertiefen und ein ganzheitliches Bewusstsein zu fördern. Bei vielen anderen Meditationstechniken steht vor allem der Verstand im Vordergrund. Oftmals zielt die Wiederholung eines Mantras oder die Beobachtung des Atems darauf ab, den Verstand zu beruhigen. Auch viele Achtsamkeitstechniken legen grossen Wert auf die Prozesse im Verstand. In der Energiearbeit liegt der Fokus auf der Wahrnehmung dessen, was im Körper geschieht, wo es geschieht und wie es sich anfühlt.

In der Energiearbeit sind Verstand und Körper eng miteinander verbunden, und ihr Zusammenspiel sowie ihre gegenseitige Beeinflussung werden bewusst wahrgenommen und erforscht. Veränderungen im Denken wirken sich auf körperliche Prozesse aus, während auch feine körperliche Veränderungen den Geisteszustand beeinflussen. Der Prozess der Energiearbeit folgt einem Bottom-up-Ansatz und nutzt somatische, also körperliche Erfahrungen, um den Geist in Harmonie zu bringen.

Emotionaler Ausgleich

Energiearbeit ist ein wertvolles Werkzeug, um die emotionale Welt ins Gleichgewicht zu bringen. Viele Menschen identifizieren sich stark mit ihren Gedanken und Emotionen – Gedanken und Emotionen, die leicht getriggert werden können. Durch die Arbeit, die in der Wahrnehmung des Körpers verankert ist, bleiben die Praktizierenden gelassen und neutral, und keine neuen Teufelskreise entstehen, in denen sich Emotionen und Gedanken gegenseitig antreiben. Ängste, Wut oder Hilflosigkeit werden dadurch nicht weiter verstärkt. Ein neuer innerer Raum wird geschaffen, der frei von schnellen Reaktionen und überwältigenden Emotionen ist. Dadurch können auch tief verwurzelte Traumata und schmerzhafte psychische Wunden bearbeitet und geheilt werden. Gleichzeitig eröffnet diese Arbeit neue Dimensionen und weckt schlafende Quellen, die authentische Klarheit und Intuition freisetzen – und so dabei helfen, besser durch das Leben zu navigieren.

Spirituelle Roadmap

Energiearbeit bietet zwar viele konkrete Vorteile, aber sie bleibt eine spirituelle Praxis. Sie ermöglicht es Praktizierenden, spirituelle Rahmen und Strukturen in ihrem Alltag zu gestalten und gleichzeitig bietet sie eine Roadmap, die spirituelle Erfahrungen zu verfeinern und zu vertiefen. Ursprünglich wurden Yoga und das Chakren-Konzept genau zu diesem Zweck entwickelt – um spirituell zu wachsen.

Energiearbeit befasst sich mit spirituellen Fragen wie der Suche nach dem Sinn des Lebens und einem tieferen Verständnis der eigenen Existenz. Sie umfasst das Streben nach innerem Frieden, persönlichem Wachstum und der Verbindung zu etwas Grösserem als dem eigenen Selbst, oft in Form eines höheren Bewusstseins oder einer höheren Macht.

Energiearbeit ist nicht an eine bestimmte Religion gebunden, sondern individuell und subjektiv. Sie führt jedoch häufig zu einer Verstärkung der eigenen spirituellen oder religiösen Gefühle und unterstützt so Praktizierende in ihrem eigenen religiösen Leben.

Heilung für den Körper

Die Arbeit mit Energie kann heilende Effekte auf den Körper haben. Wenn blockierte Energie freigesetzt wird, kann der Körper sie wieder effizient nutzen. Oft ist Energie in unproduktiven Denkprozessen gefangen oder geht in der Verstärkung innerer Blockaden verloren. Der Prozess der Energiefreisetzung fördert einen inneren Ausgleich und unterstützt das Wohlbefinden auf verschiedenen Ebenen. So wird nicht nur Frieden im Geist gefunden, sondern auch die Heilung des Körpers angestossen.

Vor allem bei stressbedingten Krankheiten, die durch chronischen oder akuten Stress verursacht oder verschlimmert wurden, kann Energiearbeit eine grosse Hilfe leisten. Stress kann sowohl körperliche als auch psychische Auswirkungen haben und eine Vielzahl von Krankheiten auslösen oder verschärfen. So kann Stress beispielsweise Herz-Kreislauf-Erkrankungen, ein geschwächtes Immunsystem oder Autoimmunerkrankungen wie Allergien sowie Stoffwechselstörungen, Schlafstörungen, Burnout oder Depressionen und Angststörungen verstärken.

Die Reduzierung von Stress und Angstzuständen durch Energiearbeit hilft, den Geist tiefgehend zu beruhigen, was sich positiv auf die körperliche Gesundheit auswirkt. So werden die natürlichen Heilungsprozesse des Körpers unterstützt, was bei der Genesung von Krankheiten und Verletzungen enorm helfen kann.

Es ist wichtig zu beachten, dass die Wirkung von Energiearbeit individuell unterschiedlich sein kann und sie am besten als ergänzende Methode zur herkömmlichen medizinischen Behandlung betrachtet wird.

Schlummernde Heilungskraft wecken

Spontane Selbstheilung – eine Heilung ohne medizinische Unterstützung – wird in medizinischen Kreisen oft nur als Placebo Effekt betrachtet und als Störfaktor in der statistischen Wirksamkeit von Medikamenten angesehen. Andere Ansätze versuchen, die Faktoren zu erforschen, die den Placeboeffekt auslösen, um ihn für die Heilung nutzbar zu machen. Für Praktizierende der Energiearbeit ist der Placeboeffekt jedoch vor allem ein Beweis dafür, dass eine Heilungskraft im Menschen selbst schlummert – genau diese innere, selbst erzeugte Kraft möchte die Energiearbeit in den Praktizierenden wecken.

Darüber hinaus werden Berichte über spontane Selbstheilung oft mit der authentischen Entfaltung der Persönlichkeit in Verbindung gebracht. Diese entsteht häufig durch eine tiefe Verbindung mit inneren Dimensionen des Bewusstseins und stellt einen zentralen Aspekt der Energiearbeit dar. Dabei wird die Heilung des Körpers als natürliche Nebenwirkung angesehen, die durch Selbstentfaltung und inneres Wachstum gefördert wird.

Die Verbindung zu tieferen Dimensionen des Bewusstseins durch Energiearbeit eröffnet neue Wege zur Heilung. Sie ermöglicht es, sich von einschränkenden Glaubenssätzen zu lösen und Zugang zu authentischen

Kraftquellen sowie zur Intuition zu finden.

Andere Menschen in ihrer Heilung unterstützen

Energiearbeit bietet die Möglichkeit, andere Menschen in ihrer mentalen und körperlichen Heilung zu unterstützen, und das sogar ohne physische Berührung zwischen der praktizierenden und der unterstützten Person. Der Praktizierende begibt sich dabei in einen tiefen, heilenden Bewusstseinszustand und kann so den Bewusstseinszustand des Anderen wohlwollend anheben. Dies hilft, mentale und emotionale Blockaden zu lösen, die die Selbstheilung behindern.

Kann die Resonanz eines individuellen Bewusstseinszustands das Bewusstsein einer anderen Person beeinflussen? Fördert allein die Bereitschaft, sich auf einen solchen Heilungsprozess einzulassen, bereits die Linderung von Beschwerden? Oft lässt sich nicht rational oder wissenschaftlich erklären, wie genau dieser Einfluss entsteht und eine Spontanheilung geschieht. Die Energiearbeit lädt dazu ein, sich auf dieses Mysterium einzulassen und offen für tiefgreifende Veränderungen zu sein.

Was Energiearbeit bewirken kann:

- Reduktion von Stress und Linderung von Angstzuständen
- Linderung stressbedingter Krankheiten
- Förderung der Selbstheilung körperlicher Beschwerden
- Ausgleich mentaler und emotionaler Zustände durch die Verankerung in der Körperwahrnehmung
- Förderung tiefer Entspannung
- Veränderung und Erweiterung des Bewusstseinszustands
- Etablierung einer spirituellen Praxis und Philosophie
- Zugang zu inneren Quellen und Dimensionen
- Schaffung von Klarheit und Förderung der Intuition
- Unterstützung anderer in ihrer mentalen und körperlichen Heilung

Wovon reden wir, wenn wir von Energie sprechen?

Energie ist ein vielschichtiger Begriff, der in unterschiedlichen Formen und Bedeutungen verwendet wird. Diese Vielseitigkeit kann zu Missverständnissen oder Unsicherheiten führen.

In der Physik ist Energie ein messbares und berechenbares Phänomen. Sie beschreibt die Kraft, Arbeit zu leisten oder Wärme abzugeben. Egal ob wir physische Objekte bewegen, sie erwärmen, Strom erzeugen oder Licht produzieren – immer ist diese Energie im Spiel. Auch bei chemischen und biologischen Reaktionen entfaltet sie ihre Wirkung. Diese Energie – vor allem in ihrer newtonschen Form – hält sich an den festen Gesetzen der Physik.

Anders als physische Energie, die vor allem die materiellen und für die fünf Sinne wahrnehmbaren Aspekte der Welt beeinflusst, beschreibt der Begriff Energie in der Energiearbeit und in diesem Buch etwas anderes. Hier geht es um immaterielle Phänomene – innere, subjektiv erfahrbare Kräfte. Im menschlichen Erleben wird diese Energie unter anderem als psychische Energie bezeichnet.

Psychische Energie formt die menschliche Erfahrung von innen heraus. Sie verändert das Bewusstsein und bestimmt, wie Menschen die Welt erleben, interpretieren und darauf reagieren. Diese Energie umfasst verschiedene Dimensionen, darunter emotionale, mentale und spirituelle Kräfte. Wird sie bewusst kultiviert und in Einklang gebracht, eröffnet sie den Weg zu einem erfüllten und inspirierten Leben.

Psychische Energie prägt und formt uns auf vielfältige Weise. Emotionen und Gefühle wie Liebe oder Angst, Freude oder Neid, Mitgefühl oder Wut sind Ausdruck dieser Energie. Mentale Energie umfasst kognitive Prozesse wie das Denken, Lernen, Planen und Problemlösen. Klarheit oder Verwirrung und Konzentrationsfähigkeit sind Beispiele für ihre Erscheinungsformen. Gedanken und Emotionen interagieren ständig, meist unbewusst, und können sich gegenseitig verstärken oder beruhigen, wodurch sich der Bewusstseinszustand ändert.

Motivation ist eine Form psychischer Energie, die

Menschen antreibt, Ziele zu verfolgen und Herausforderungen zu bewältigen. Sie wird durch Wünsche, Ambitionen und innere Antriebe genährt. Oftmals haben solche Motivationen evolutionäre Wurzeln, wie zum Beispiel der Drang, sich zu ernähren, der Impuls zur Fortpflanzung und zur Sorge um den Nachwuchs, oder der Aufbau sozialer Sicherheit. In diesem Kontext kann sexuelle Energie als eine kraftvolle Form der Motivation gesehen werden, die aus prähistorischen Zeiten überliefert wurde und dazu diente, die Kontinuität des Stammes zu sichern. Soziale Energie sicherte das Bündnis und den Zusammenhalt innerhalb einer Gemeinschaft, was für ihr Überleben entscheidend war.

Auch heute haben sexuelle und soziale Energie ihre starke, fast hypnotische Wirkung auf die Menschheit nicht verloren. Sie beeinflussen Gesellschaft und Kultur auf vielen Ebenen, sowohl positiv als auch negativ. Diese beiden Energien sind eng mit der mentalen und emotionalen Energie verbunden und interagieren miteinander. Eine Unterdrückung dieser Energien kann körperliche, mentale und emotionale Auswirkungen haben.

Die menschliche Psyche umfasst auch eine spirituelle Dimension, die aus inneren Einstellungen und Glaubenssätzen besteht. Dazu gehören nicht nur Religiosität und moralische Werte, sondern auch das Streben nach innerer Ruhe und Selbsterfüllung. Die spirituelle Energie wird manchmal als inneres Navigationssystem bezeichnet, das bewusst oder unbewusst die Persönlichkeit lenkt und ihre Motivationen formt.

Viele Traditionen befassen sich mit Lebensenergie, die Körper und Geist belebt. Sie nennen diese Energie auf unterschiedliche Weise und gehen unterschiedlich mit ihr um – wie die traditionelle chinesische Medizin mit Chi, die Yoga-Tradition mit Prana oder einige westliche Traditionen mit bioenergetischen Ansätzen. Für das moderne, eher skeptische westliche Auge mag diese Energie esoterisch wirken. Die Einladung dieses Buches an Skeptiker besteht darin, den Begriff Energie auch symbolisch zu verstehen – als Symbol für die inneren psychischen Kräfte, die die Persönlichkeit und den Körper steuern und regulieren.

In der modernen westlichen Welt sind physische und psychische Energien umfassend erforscht und belegt. Disziplinen wie Physik, Psychologie, Theologie, Soziologie sowie die chemischen und biologischen Wissenschaften haben diese und viele weitere Kräfte entdeckt und wissenschaftlich dokumentiert.

Die alten Traditionen verfügten zwar nicht über den heutigen umfassenden Wissenskorpus, hatten jedoch einen unmittelbaren Bezug zur inneren Intuition und eine tiefere Verbindung zu den Kräften der Natur, aus denen sie Einsichten und Weisheiten schöpften. Sie erkannten, dass immaterielle, oft subjektiv wahrnehmbare Kräfte die Welt und den menschlichen Körper in Aktion setzen und prägen. So legten sie den Grundstein für das Konzept der Energiearbeit, das sich im Laufe der Zeit weiterentwickelte, sodass heute alte und moderne Weltanschauungen in gewisser Weise einander ergänzen. Dieses Buch beleuchtet insbesondere die Berührungspunkte und die wechselseitigen Ergänzungen dieser Ansichten.

Um Missverständnisse zwischen wissenschaftlichen Sichtweisen und dem Konzept der Energiearbeit zu vermeiden, ist es wichtig, die vielseitige Verwendung des Begriffs Energie zu erkennen. Insbesondere sollte zwischen subjektiv erfahrbarer Energie und physischer Energie, die die objektive Realität beschreibt, unterschieden werden.

Metaphern als Brücken zur Übersinnlichkeit

Stell dir vor, die Farbe Blau soll einer blindgeborenen Person beschrieben werden. Hierbei müssen Worte gefunden werden, die für diese Person zugänglich sind – Worte, die auf Erlebnissen basieren, die sie mit anderen Sinnen erfahren hat. Blau könnte dann als die Frische von kaltem Wasser oder eine sanfte, erfrischende Brise auf der Haut beschrieben werden. Diese Übertragung einer bekannten Erfahrung auf etwas Unbekanntes, das schwer zu beschreiben ist, nennt sich Metapher. Das altgriechische Wort *metaphorá* bedeutet wortwörtlich *Übertragung*.

Metaphern sind Brücken, die das Bekannte mit dem Unbekannten verbinden, das Vertraute mit dem, was erst noch erlebt werden muss. Sie übersetzen abstrakte Konzepte in greifbare, erfahrbare Empfindungen.

Die energetische Welt befindet sich ausserhalb des gewohnten Spektrums von Wahrnehmung und Erfahrung. Gerade hier erweisen sich Metaphern als unverzichtbare Werkzeuge. Sie machen die energetische Welt nicht nur verständlich, sondern auch spürbarer. Durch Sinnbilder und Symbole werden Gefühle und körperliche Empfindungen geweckt, die einen Zugang zu den inneren Welten ermöglichen. Diese symbolische Sprache eröffnet das Tor zu Aspekten des Selbst, die sonst verborgen oder unzugänglich bleiben würden.

Meditation: Der Baum

Hier ist eine kurze Übung, die du am besten im Sitzen machst. Du kannst die Worte langsam für dich lesen oder dir vorlesen lassen. Nimm dir zwischen den Sätzen Zeit, um dir das Beschriebene vorzustellen und Worte sowie Sinnbilder innerlich wirken zu lassen.

Finde im Sitzen eine bequeme Position und richte deine Aufmerksamkeit nach innen, hin zu deinem Körper. Spüre, wie dein Körper atmet, und erlaube der Ausatmung, länger und sanfter zu werden. Merke, wie du tiefer und ruhiger einatmest.

Lenke deine Aufmerksamkeit sanft zu deinem Bauch. Stell dir vor, dort wächst ein kleiner Baum. Dieser Baum beginnt langsam, sich zu entfalten und zu wachsen. Spüre, wie seine Wurzeln durch dein Becken hindurch tief in den Boden dringen, sich ausbreiten und dich fest mit der Erde verbinden. Diese Wurzeln nehmen wertvolle Mineralien und Nährstoffe aus der Erde auf, die dir Energie und Kraft verleihen.

Während der Baum weiter wächst, wird sein Stamm dicker, stabiler und stärker. Aus dem Stamm spriessen Äste und Zweige, die sich immer weiter ausdehnen. Es bilden sich grüne Knospen, aus denen sich feine Blätter entfalten. Die Baumkrone füllt erst deinen Körper aus, wächst über dein Herz und schliesslich über deinen Körper hinaus.

Spüre, wie diese Äste, Zweige und Blätter sich weiter und weiter ausbreiten, den Raum um dich herum füllen und eine schützende Hülle bilden. Der Baum in dir ist lebendig und kräftig, er verbindet dich fest mit der Erde. Er wächst und gedeiht, während er dich mit der Kraft und Energie der Natur nährt.

Der Baum richtet sich nach dem Licht aus, streckt sich dem Himmel entgegen und empfängt das wärmende Sonnenlicht. Spüre, wie das Licht durch die Blätter des Baumes in dich hineinfliesst, und dich mit Wärme und Lebenskraft erfüllt. Diese Energie durchströmt deinen gesamten Körper und schenkt dir Ruhe und Geborgenheit.

Nimm dir Zeit, diesen Baum in dir zu spüren – seine Wurzeln, seinen Stamm, die Äste und Blätter. Erlebe, wie er dich stabilisiert und mit der Erde verbindet, wie er dich nährt und mit Sonnenenergie auflädt. Verweile in dieser Vorstellung, geniesse das Gefühl der Stärke und Lebendigkeit, die dieser Baum in dir erzeugt, und lass diese Energie in dir nachklingen.

Diese Meditation veranschaulicht, wie kraftvoll Metaphern auf die Zuhörer wirken können. Obwohl wir wissen, dass kein Baum im Bauch wächst, rufen die Worte Emotionen und Empfindungen hervor und können den Bewusstseinszustand des Zuhörers verändern.

Welche Emotionen und Empfindungen hat diese Übung bei dir geweckt? Wie hat sich dein Bewusstseinszustand verändert? Hast du dich geerdet gefühlt? Energievoll? Hast du eine stärkere Verbindung zum Himmel gespürt? Konntest du dich mit frischer Energie aufladen?

Der Begriff Energie lässt sich auch als Metapher verstehen. Dabei werden Eigenschaften der physikalischen Energie – wie ihre unsichtbaren und immateriellen Kräfte – auf das innere Erleben übertragen. Dies macht subtile Empfindungen und Dynamiken greifbarer, wodurch sie leichter wahrgenommen, benannt und bewusst erlebt werden können.

Skepsis überwinden

Ein häufiges Hindernis, dem Menschen beim Kennenlernen verschiedener Methoden und Traditionen der Energiearbeit begegnen, sind die scheinbaren Widersprüche, die ihnen innewohnen. Einige Traditionen sprechen von festen Energiemeridianen, die im Körper verankert sind, während andere von unendlich frei verstreuten Energiekanälen ausgehen. Während einige Systeme von sechs Chakren ausgehen, erkennen andere acht an, und jede Tradition ordnet den Chakren unterschiedliche Eigenschaften und Bedeutungen zu.

Diese Widersprüche lösen bei vielen Menschen

Widerstand aus und werden oft als Beweis für die Unglaubwürdigkeit der Energiearbeit betrachtet. Doch diese Unterschiede lassen sich durch das Verständnis von Metaphern gut erklären.

Alle Methoden und Traditionen haben Wege gefunden, subtile Erfahrungen zugänglich zu machen. Sie nutzen Sinnbilder als Metaphern, um das alltägliche Bewusstsein zu erweitern, eine Verbindung zum Energiefluss herzustellen und diesen zu beschreiben.

Genau wie zwei unterschiedliche Menschen verschiedene Metaphern und Symbole verwenden würden, um einem Blinden die Farbe Blau zu beschreiben, liegt die Wahrheit und Wirkung der verschiedenen Methoden der Energiearbeit nicht in Worten, Philosophien oder Energiekarten, sondern in den Gefühlen und Empfindungen, die sie hervorrufen. Es geht darum, wie sie Menschen in ihr Inneres führen und sie eine innere Welt entdecken lassen.

Es mag zunächst verwirrend erscheinen, doch diese Methoden mussten erst *erfunden* werden, um überhaupt *gefunden* zu werden.

Richtig, falsch und wirksam

Ein weiterer Aspekt, durch den Energiearbeit oft unglaubwürdig erscheint, ist der endlose Versuch, sie durch eine realistische Weltanschauung zu analysieren und zu bewerten. Obwohl Energiearbeit Einfluss auf die reale Welt hat, ist dieser Einfluss nicht linear und schwer vorherzusagen.

Der Drang, unser Wissen und unsere Erfahrungen in binarische Kategorien wie *Richtig* oder *Falsch* einzuordnen, verdeckt die Möglichkeit, Dinge einfach als *Wertvoll* oder *Wirksam* zu betrachten. In der Energiearbeit wird die Frage aufgeworfen, was für den Nutzer wertvoll ist. In diesem Kontext verlieren die Begriffe *Richtig* oder *Falsch* an Bedeutung, da ihre Relevanz gegenüber dem in den Hintergrund tritt, was als wertvoll empfunden wird.

Wenn zwei Menschen unterschiedliche Metaphern und Sinnbilder nutzen, um einem Blinden die Farbe Blau zu beschreiben, können sie keine falschen Symbole wählen. Ihre Wahl könnte jedoch weniger wirksam sein, um der blinden Person die Erfahrung zu vermitteln.

Für das Praktizieren von Energiearbeit ist es von grosser Bedeutung zu verstehen, dass es keine falschen oder richtigen Erfahrungen gibt. So verlieren sich die Praktizierenden nicht ermüdend in Fragen wie: Spüre ich wirklich meine innere Energie? Erlebe ich diese Empfindung wirklich, oder ist sie nur das Produkt meiner Imagination? Spüre ich die Energie dort, wo sie tatsächlich ist? Stelle ich mir die Energie überhaupt richtig vor?

In der Energiearbeit spielt es keine Rolle, ob die Praktizierenden die Energie tatsächlich spüren oder sie sich nur vorstellen. Auch die einfache Vorstellung kann die Energie auf effektive Weise im Körper aktivieren und entfalten lassen.

Es gibt dabei kein richtig oder falsch in Bezug auf die Lage im Körper oder die Funktion, die den energetischen Komponenten zugeschrieben wird. Die entscheidende Frage ist, welche Lage oder Funktion für die Praktizierenden stimmig ist und welche Vorstellung für sie die stärkste Wirkung entfaltet. Durch welche Vorstellung entsteht mehr Einklang im Körper?

Subjektive Erfahrung und wissenschaftliche Perspektiven

Energiearbeit wird oft als falsch eingestuft, wenn subjektive Wahrnehmungen mit naturwissenschaftlichen Perspektiven gleichgesetzt werden. Energiearbeit bewegt sich jedoch im Bereich der subjektiven Erfahrung.

Emotionen zum Beispiel lassen sich wissenschaftlich durch biologische Prozesse wie die Messung von Hormonen, Mineralien, Blutdruck oder Gehirnwellen erklären. Doch in der subjektiven Erfahrung sind Emotionen in erster Linie etwas, das gefühlt und erlebt wird. Für die Energiearbeit spielt diese subjektive Erfahrungsebene eine zentrale Rolle, während wissenschaftliche Erklärungen weniger Bedeutung haben.

Die innere Energie ist keine Energie im physischen Sinne. Sie lässt sich nicht messen und ist ausschliesslich subjektiv erfahrbar. Dennoch kann diese innere Energie intensiv erlebt werden und bietet einen wertvollen Zugang zur eigenen inneren Welt. Auch wenn Energiearbeit eine subjektive Erfahrung ist, beeinflusst sie den Körper und Geist auch in messbaren Parametern, die objektiv und wissenschaftlich erfasst werden können.

Ein Beispiel dafür, wie subjektive Erfahrungen objektive Veränderungen bewirken können, ist die Anweisung zur Bauchatmung im Yoga, die die Atmung wirksamer macht, selbst wenn sie anatomisch nicht korrekt ist. Obwohl keine Luft in den Bauchraum gelangt, wird empfohlen, den Atem bewusst in den Bauch zu lenken oder die Bewegung des Atems dort zu spüren. Dadurch wird die Atmung tiefer, entspannter und insgesamt wirkungsvoller.

Gedanken als Brücken

Die Vorstellung, dass Menschen mit positiven Gedanken oder Affirmationen ihre Realität beeinflussen und ihre Wünsche erfüllen können, ist weit verbreitet und beliebt, aber gleichzeitig umstritten und wird häufig als Aberglaube abgelehnt. Die Diskussion, ob die Gedanken die äussere Realität tatsächlich mitgestalten, überschreitet den Umfang dieses Buches. Doch Gedanken haben eine bemerkenswerte Kraft, die tief in unsere innere Welt hinein wirkt und unseren Bewusstseinszustand formt. Positive, wohlwollende Gedanken wirken wie kraftvolle Metaphern, die unsere emotionale Energie lenken und unser Bewusstsein transformieren können. Sie vermögen es, unsere Sicht auf die Welt optimistischer zu gestalten und die Welt selbst zu einem vertrauenswürdigen und angenehmeren Ort zu machen. Die bewusste Pflege solcher Gedanken ist eine Form von Energiearbeit, die den Energiefluss fördert und tiefgreifende Veränderungen im Bewusstsein bewirken kann.

Es ist nicht notwendig, unerwünschte Gedanken und Emotionen zu unterdrücken oder Teile der Persönlichkeit zu ignorieren. Vielmehr geht es darum, Gedanken und Emotionen bewusster einzusetzen und zu pflegen, um das eigene Wohlbefinden zu fördern. Dabei ist es wichtig zu verstehen, dass das Einstufen von Gedanken und Emotionen als negativ selbst eine Form von belastendem Denken darstellt und dass dieser Ansatz nur selten zu förderlichen oder konstruktiven Gedanken führen wird.

Das Unterdrücken von Teilen der eigenen Persönlichkeit bedeutet, dass das innere System ständig daran arbeiten muss, diese Aspekte zu verbergen. Dies erfordert kontinuierliche Anstrengung und führt zu unbewusstem Stress sowie Energieverlust. Statt Gedanken zu unterdrücken oder sie als negativ zu betrachten, sollten sie freigelassen werden. Gleichzeitig ist es notwendig, aufzuhören, sich diesen Gedanken zuzuwenden oder sich in ihnen zu verlieren.

Das Verständnis, dass Gedanken und Emotionen das Wohlbefinden beeinflussen, lädt dazu ein, eine aktivere Rolle bei der Gestaltung dieser inneren Prozesse zu übernehmen. Dadurch wird der eigene Bewusstseinszustand bewusst und gezielt beeinflusst.

Die folgende Übung zielt darauf ab, einen Raum für wohlwollende Gedanken und Emotionen zu schaffen.

Dabei geht es nicht darum, gegen bestehende Gedanken zu kämpfen oder sie zu stoppen, sondern darum, während der begrenzten Zeit der Übung einen Raum für eine andere Art von Gedanken zu schaffen und so den Bewusstseinszustand positiv zu verändern.

Meditation: Baden in Positivity

In der folgenden Meditation wirst du eingeladen, dein Leben in einem positiven Licht zu betrachten – auch die Umstände, die dir schwerfallen, anzunehmen und zu lieben. Der Fokus liegt nicht darauf, deine Realität zu leugnen, sondern darauf, dein Bewusstsein für ein paar Minuten in ein Bad aus positiver Energie eintauchen zu lassen und deinen Körper in positive Schwingung zu versetzen.

Es geht nicht darum, deine Lebensumstände – sei es Arbeit, Wohnort, Beziehungen oder dein Körper – zu analysieren und herauszufinden, was du an deinem Leben liebst. Es geht auch nicht darum, dich selbst zu täuschen oder dich mental zu überzeugen, dass alles in deinem Leben gut ist. Stattdessen wirst du eingeladen, bewusst *eine liebevolle Energie in dir* zu erzeugen oder für ein paar Minuten deine Vorstellungskraft gezielt zu nutzen, um *aktiv Liebe* entstehen zu lassen.

Zu Beginn kann es hilfreich sein, verschiedene Lebensbereiche in kleinere Abschnitte zu unterteilen und dort Aspekte zu finden, die du einfacher lieben kannst. Vielleicht fällt es dir schwer, deine Arbeit als Ganzes zu lieben, aber du schätzt deine Arbeitskollegen. Oder vielleicht kannst du deinen allgemeinen Gesundheitszustand nicht lieben, doch es gibt sicherlich Organe in deinem Körper, die gesund und stark sind.

Diese Meditation kann in fünf Minuten durchgeführt werden, du kannst die Dauer jedoch nach deinen Bedürfnissen anpassen. Ob kürzer oder länger – es ist hilfreich, die gewünschte Zeit im Voraus festzulegen, am besten mit einer Stoppuhr.

Einen Lebensumstand, der in uns Hass oder Angst hervorruft, in einem positiven Licht zu sehen und zu lieben, kann starken inneren Widerstand auslösen. Besonders dann, wenn wir glauben, dass das Lieben eines Umstands zwangsläufig bedeutet, keine Verbesserung mehr zu wünschen. Stattdessen können wir eine Haltung entwickeln, die dem Prozess vertraut und sowohl den gegenwärtigen Umstand als auch die Vorstellung liebt, dass Veränderung und Verbesserung bereits auf dem Weg sind. Es ist auch hilfreich, sich bewusst zu machen, dass alles, was wir jetzt lieben und annehmen, nur für die geplante Zeit der Meditation gilt. Danach sind wir wieder frei zu wählen, welche Gedanken wir kultivieren möchten.

Es ist sehr angenehm, diese Meditation im Bett durchzuführen, entweder direkt nach dem Aufwachen oder vor dem Einschlafen. Du kannst so dein Bewusstsein auf den Tag ausrichten oder dich auf eine erholsame Nacht einstimmen. Du kannst diese Übung aber auch überall in deinem Alltag integrieren: beim Spazierengehen, beim Warten, im Zug oder am Strand.

Richte deine Aufmerksamkeit nach innen und spüre den natürlichen Rhythmus deines Atems. Beobachte, wie sich mit jedem Atemzug mehr Ruhe und Entspannung in deinem Körper ausbreiten. Entscheide dich bewusst, während der Meditation deine Gedanken über dein Leben in ein positives Licht zu rücken. Nimm dir bewusst vor, eine wohlwollende Perspektive einzunehmen, selbst wenn es nur für die begrenzte Zeit der Meditation ist.

Lass deine Gedanken frei durch die verschiedenen Bereiche deines Lebens wandern. Erlebe bei jedem Thema, wenn auch nur für die festgelegte Dauer der Meditation, eine bedingungslose positive Energie. Dabei bist du eingeladen, positive Gedanken bewusst zu verstärken, selbst wenn sie nicht deiner aktuellen Realität entsprechen.

Wenn zum Beispiel das Thema Arbeit aufkommt, nimm dir ein paar Atemzüge Zeit und stell dir vor, dass du deine Arbeit liebst, auch wenn du vielleicht unzufrieden bist. Entscheide dich bewusst, deinen Chef zu lieben, auch wenn er dich manchmal nervt, und schätze deinen Arbeitsweg, selbst wenn er lang ist und du oft im Stau stehst.

Versuche nicht, dich mental davon zu überzeugen, dass alles perfekt ist. Entscheide dich stattdessen bewusst, deine Realität für ein paar Minuten als vollkommen zu erleben oder stell dir vor, dass sie bereits perfekt ist. Erlaube dir, einen Zustand innerer Annahme und Zufriedenheit zu finden – so, als würdest du dich darauf einlassen, wie es sich anfühlen könnte, wenn alles bereits genau richtig und gut wäre.

Falls dieser Prozess in dir Widerstand weckt, entscheide dich auch, diesen Widerstand und die Zweifel zu lieben Liebe auch den nächsten Lebensbereich, der auftaucht, zum Beispiel deinen Körper. Während der nächsten paar Atemzüge richte deine Liebe auf deinen Körper. Stimme dich darauf ein, ihn bedingungslos zu akzeptieren und zu lieben. Liebe die Form deiner Zähne. Liebe deinen

Bauch und deine Brust. Liebe dein Gesicht. Liebe dein Alter und alle Alterserscheinungen.

Angenehme Gedanken können deinen Körper bei seiner Heilung unterstützen. Stell dir darum für diese kurze Zeit vor, dass dein Körper vollkommen gesund ist, und dass du deinen Gesundheitszustand liebst. Erlebe für diese begrenzte Zeit, dass alles in Ordnung ist. Alles ist gut, genau wie es ist. Alles ist so gewollt, und nichts ist falsch oder muss verändert werden.

Gönne dir die kommenden Minuten, um in dieser positiven Energie zu baden. Spüre nicht nur mental, sondern auch in deinem Körper, dass alles gut ist, genauso, wie es ist, und dass nichts besser sein könnte.

Erlaube deinen Gedanken nun, zu anderen Lebensbereichen wie Familie, Freunden, Beziehungen, deinem Wohnort und darüber hinaus zu wandern.

Wenn sich die Meditation zu Ende neigt, geniesse noch einmal die Tiefe deines Atems und die angenehmen Empfindungen, in denen du dich gerade badest.

Teil 2

Den Energiekörper entdecken

Die Werkzeuge der Energiearbeit

Die Energie, mit der wir arbeiten wollen, ist ungreifbar und liegt jenseits der gewohnten sinnlichen Wahrnehmung. Deshalb braucht es Werkzeuge und Methoden, um den Energiekörper vorstellbar zu machen. Eine klare Sprache und eine Verankerung im Körper sind erforderlich, damit energetische Arbeit ermöglicht wird. Sind diese Grundlagen geschaffen, eröffnet sich der Zugang zu einer tieferen, oft verborgenen Dimension des Seins.

Wo: Energiefeld, Kanäle und Chakren

Energie ist allgegenwärtig und durchdringt alles. In der Energiearbeit liegt der Fokus jedoch auf der Energie, die im Körper und seiner unmittelbaren Umgebung verankert ist und als begrenztes Energiefeld wahrgenommen wird. Im Energiefeld wird die Energie greifbarer und einfacher zu beeinflussen, wenn ihre Bewegung in klaren, strukturierten Bahnen symbolisiert wird, die durch sogenannte Energiekarten beschrieben werden. Diese Karten identifizieren und definieren die verschiedenen Energieschichten, die das Energiefeld formen. Energiekanäle, wie die Nadis in der Yoga-Philosophie oder die Meridiane in der traditionellen chinesischen Medizin, transportieren die Energie, während Energiezentren, wie die Chakren, sie zugänglich machen.

Was: Licht, Farbe und andere Merkmale

Die subtile, schwer fassbare Energie wird durch Sinnbilder wie Licht oder Farbe leichter wahrnehmbar und erfahrbar. Diese Symbole verleihen der Energie definierte Qualitäten und Eigenschaften, die im Körper entweder frei fliessen oder blockiert sein können. Durch diese bildhaften Darstellungen wird die Energie innerlich sichtbar und spürbar, wodurch sich ein tieferer Zugang zu ihrer transformierenden Wirkung eröffnet.

Wie: Die Kraft von Vorstellungen, Atmung und inneren Empfindungen

Zahlreiche Techniken sind entwickelt und kontinuierlich verfeinert worden, um das Energiefeld zu beeinflussen und das Bewusstsein auf heilsame Weise zu transformieren. Die Kraft der Vorstellung spielt dabei eine zentrale Rolle, da sie Energie gezielt in Bewegung setzen kann. Viele Meditationen in diesem Buch basieren auf dem Prinzip, dass Vorstellungen sowie andere Gedankenformen den inneren Energiefluss aktivieren und lenken. Der Einfluss kann noch verstärkt werden, wenn die Vorstellungskraft mit den inneren Empfindungen des Atems verbunden wird.

Die Bewegung der Atmung im Körper erzeugt innere Empfindungen, und durch bewusstes Atmen wird die Wahrnehmung des Körpers von innen heraus intensiviert, während die Interozeption – die Wahrnehmung innerer Körperempfindungen – gestärkt wird. Die Verbindung von innerer Empfindung und Vorstellungskraft entfaltet eine tiefgreifende Wirkung, da die Bewegung der Atmung die Energie mobilisieren kann.

Die Bewegung der Atmung im Körper erzeugt innere Empfindungen. Durch bewusstes Atmen werden diese Empfindungen gezielt intensiviert, während die Interozeption – die Wahrnehmung innerer Körperempfindungen – gestärkt wird. Wie der Atem selbst, sind die Empfindungen, die der Atem erzeugt, immer in Bewegung. Die Verbindung der Empfindung der Atmung mit der Vorstellungskraft entfaltet eine tiefgreifende Wirkung, da die Bewegung der Atmung auch die Energie mobilisieren kann.

Der Atem fungiert in diesem Kontext als Quelle innerer sensorischer Wahrnehmungen. Übrigens erzeugen auch äussere Techniken wie Massage, Akupressur oder sanfte Berührungen – etwa das Auflegen der Hände – Empfindungen. Diese können die Praktizierenden tiefer mit ihrer energetischen Dimension verbinden.

Mit dem Atem die Energie in Bewegung bringen

Der Atem ist eine kraftvolle Brücke zu unserem Energiekörper. Er holt uns in den jetzigen Moment – in den Moment, in dem der Atem stattfindet – und schafft eine direkte Verbindung zu unserem Körper, in dem dieser Prozess abläuft. Während wir atmen, fliesst der Atem durch den Körper und löst dabei feine, subtile Empfindungen aus. Wenn wir uns bewusst für diese Empfindungen öffnen und sie spüren, erschliesst sich ein neuer Zugang zu unserer inneren Welt, in der unsere energetische Dimension verankert ist.

Meditation: Energiearbeit mit der Atmung

In der folgenden Meditation geht es darum, die Energie in deinem Körper wahrzunehmen. Du kannst sie sowohl im Sitzen als auch im Liegen durchführen –

wähle die Position, die für dich am angenehmsten ist.

In der Meditation wirst du dir vorstellen, dass die Energie ein Merkmal oder eine Eigenschaft hat – wie zum Beispiel eine bestimmte Farbe, Leuchtkraft oder eine angenehme Wärme. Diese Merkmale sind Metaphern, die die Energie greifbar machen und dir ermöglichen, sie in dir wahrzunehmen.

Vergiss bitte nicht, dass es auch in dieser Übung nicht darum geht, eine objektive Realität zu entdecken. Es geht hier darum, deine eigene sehr subjektive innere Erfahrung zu kultivieren.

Es kann vorkommen, dass du nichts fühlst, vor allem, wenn du erwartest, dass bestimmte Empfindungen auftreten oder diese eine gewisse Intensität haben sollen. Wenn das der Fall ist, mach dir keine Sorgen! Nutze einfach deine Vorstellungskraft und stell dir vor, dass du die Energie in dir spürst. Gib dir die Zeit, tief in dieses Erlebnis einzutauchen, ohne dich zu entmutigen. Es spielt keine Rolle, ob du die Energie direkt wahrnimmst oder du sie dir vorstellst – beides weckt die gleichen Energien in dir und bringt dein Bewusstsein auf dieselbe Weise in Einklang.

——)(——

Schliesse sanft deine Augen und lenke deine Aufmerksamkeit nach innen. Spüre in deinen Körper hinein und nimm wahr, was du dort fühlst. Beobachte ruhig, wie dein Atem neue Empfindungen im Körper hervorruft. Lass deinen Atem immer ruhiger werden.

Atme ganz natürlich und bewusst. Spüre, wie sich der Atem in dir bewegt. Mit jedem Einatmen stell dir nun vor, dass du nicht nur Luft, sondern auch Energie in deinen Körper hinein ziehst. Stell dir vor, dass die Energie, die in dir fliesst, eine Eigenschaft hat, die du innerlich spüren oder sehen kannst. Vielleicht ist es eine wohlige Wärme, eine leuchtende Farbe oder eine sanfte Leichtigkeit. Vielleicht spürst du ein wachsendes Volumen oder eine zarte Textur.

Lass die Energie mit jedem Atemzug in dich hineinfliessen. Spüre, wie sie sich in deinem Körper ausbreitet und ihn füllt. Falls du die Energie nicht direkt fühlen kannst, stell dir einfach vor, wie diese Eigenschaften in dir fliessen. Beobachte mit deinen inneren Augen, wie sich die Energie in dir verteilt und dich angenehm durchströmt.

Lass die Energie auch in abstrakten Formen zu dir kommen. Vielleicht atmest du Dankbarkeit, Freude oder Liebe ein und aus. Spüre oder stell dir vor, wie es sich anfühlt, von dieser Energie ganz erfüllt zu sein. Nimm wahr, wie es sich anfühlt, diese Energie in dir ganz natürlich und mühelos fliessen zu lassen.

Spüre, wie der Atem durch deinen Körper strömt und die Energie in Bewegung bringt. Beobachte, ob die Energie anders fliesst als dein Atem, vielleicht in einer anderen Geschwindigkeit oder mit einer anderen Konsistenz. Achte darauf, wie deine innere Anspannung die Verteilung der Energie im Körper beeinflusst. Fliesst die Energie freier, wenn dein Körper entspannt ist? Strömt sie müheloser, wenn dein Körper weicher wird?

Spüre, wie dich die Energie auch von innen heraus durchdringt und dich mit jeder Ausatmung sanft umhüllt. Bleibe in dieser Vorstellung und geniesse die Fülle und das Wohlbefinden, das die Energie in dir erzeugt.

Atme wieder tief ein und vollständig aus. Bringe deine Aufmerksamkeit zu deinen alltäglichen Körperempfindungen. Spüre, wie dein Körper den Boden berührt.

Spüre, wie deine Kleider die Haut berühren. Strecke Finger und Zehe, und wenn du bereit bist, öffne die Augen.

Im Yoga bezeichnet Pranayama die Regulierung, Kontrolle oder Erweiterung des Atems. Dieser Aspekt des Yoga nutzt Atemübungen, um Körper und Geist in Einklang zu bringen und das Bewusstsein zu erweitern. Die yogischen Atemübungen beeinflussen den Bewusstseinszustand sowohl auf biologischer Ebene – durch die Veränderung des Kohlendioxidgehalts im Blut – als auch psychologisch. Dabei werden fest verankerte Atemmuster und Gewohnheiten durchbrochen, und die Aufmerksamkeit wird auf einen Prozess gelenkt, der immer im Hier und Jetzt stattfindet. Dieser meditative Zustand zielt darauf ab, unbewusste psychische Muster zu durchbrechen und so den energetischen Zustand zu regulieren und zu erweitern.

Auf Sanskrit steht Prana für Lebensenergie, während Ayama mit Kontrolle oder Erweiterung übersetzt werden kann. Mit der oben beschriebenen Meditation hast du die Möglichkeit, genau das zu spüren und erleben: die Regulierung oder Erweiterung von Prana – deiner eigenen Lebensenergie – auf direkte und unmittelbare Weise.

Der Energiekörper: Sich die Energie in Struktur vorstellen

Ein zentraler Unterschied zwischen Energiearbeit und anderen spirituellen Ansätzen ist die enge Verbindung zum eigenen Körper. Die Energie ist dort verankert, fliesst durch ihn und belebt ihn. Zum Beispiel im hinduistischen Chakrensystem spielte der Körper eine zentrale Rolle. Es fördert spirituelles Wachstum, indem es den physischen Körper und seine Empfindungen in den Vordergrund stellt. Der Körper wird so zu einem Werkzeug, um Energie zu wecken, und zu einem Raum, in dem sie bewusst erfahren werden kann.

Energie ist formlos und ohne feste Struktur oder Grenzen. Um sie greifbarer zu machen und eine Verbindung zu ihr herzustellen, wurde der Energie eine Form und Struktur verliehen. Diese Gestalt, auch wenn sie nur metaphorisch betrachtet wird, beschreibt Energie als ein Feld, das in vielen Traditionen durch die Aura begrenzt wird. Die Energie fliesst durch Kanäle mit unterschiedlichen Funktionen und kreuzt sich in zentralen Energiepunkten, die in den menschlichen Körper verankert sind.

Auf diese Weise ist eine symbolische Sprache entwickelt worden, die es den Menschen ermöglicht, durch die Arbeit mit dem eigenen Körper eine tiefe Ebene ihrer Essenz kennenzulernen und damit in Verbindung zu treten. In diesem Sinne kann Energiearbeit als die Sprache der Seele betrachtet werden.

Entdecke deine Aura

Die Aura ist ein bekanntes Sinnbild für das Energiefeld, das den materiellen Körper umgibt. Sie symbolisiert die Energie, die aus dem Körper hinausfliesst, und zeigt, dass die physischen Grenzen des Körpers die Energie nicht einschränken. Gleichzeitig bildet die Aura eine Art Schutztrennung von der Aussenwelt für das Individuum. Sie strahlt eiförmig in etwa Armlänge um den Menschen aus. In gewissen Traditionen wird die Aura auch als Ausdruck der Stärke des Energiefeldes betrachtet: Je stärker es ist, desto sichtbarer, heller oder breiter wird die Aura.

Meditation: Deine Aura

In dieser Meditation wirst du die Möglichkeit haben, deine Aura zu erkunden. Betrachte die Aura dabei als Metapher, nicht als greifbare, materielle Substanz. Du bist eingeladen, dir deine Aura vorzustellen oder sie vielleicht sogar zu spüren, ohne dabei zu hinterfragen, ob das, was du wahrnimmst, richtig oder real ist. Erlaube dir, in diese Erfahrung einzutauchen und einfach das zu erleben, was in dir aufkommt. Lass dich auf diese subjektive Reise ein und spüre, was die Metapher der Aura in dir wachruft.

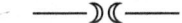

Setze dich bequem hin, schliesse sanft die Augen und spüre, wie dein Körper atmet. Nimm wahr, wie dein Körper mit jedem Atemzug ruhiger und entspannter wird.

Stell dir nun vor, dass du in einem dunklen Raum sitzt. Beginne, dir vorzustellen, dass es im Inneren deines Körpers eine strahlende Lichtquelle gibt. Mit jedem Atemzug strahlt diese Quelle immer mehr Licht aus, das nach und nach deinen gesamten Körper ausfüllt. Mit jedem Atemzug erlaubst du diesem Licht, grösser und heller zu werden.

Visualisiere nun, wie der Körper von innen heraus zu leuchten beginnt. Mit jedem Atemzug erlaubst du dem Licht, intensiver und strahlender zu werden. Lass deine Haut durchlässig werden, sodass das Licht über deine physischen Grenzen hinaus strahlen kann.

Sieh oder stell dir vor, wie dieses Licht bis etwa in Armlänge ausserhalb deines Körpers leuchtet, unter dir in den Boden, über dir und um dich herum. Lass deine Aura nun intensiv und strahlend leuchten. Beobachte, ob diese Ausstrahlung in einer feinen Lichtschale endet oder ob sie offen bleibt, ohne klare Begrenzung.

Nimm den Raum wahr, der zwischen deiner Körpermitte und dem äusseren Bereich deiner Aura entsteht. Spüre die Energie, die diesen Raum erfüllt.

Bleibe für einige Momente in dieser Wahrnehmung und geniesse die Ausstrahlung sowie das Gefühl der Ausdehnung deines Selbst. Lass dich von diesem Licht und dieser Energie umhüllen und spüre, wie sich die Verbindung zu dir selbst und zu allem, was dich umgibt, erweitert.

Obwohl die Aura den äusseren Teil des Energiekörpers symbolisiert und uns das Gefühl geben kann, entblösst zu sein, bleibt sie dennoch eine sehr persönliche und intime Erfahrung – deine eigene. Es spielt deshalb keine Rolle, ob die Aura tatsächlich existiert oder ob du sie wirklich gespürt hast, denn es geht um deine individuelle Wahrnehmung und die innere Erfahrung, die diese Wahrnehmung in dir weckt.

So vertiefst du diese Erfahrung

Auch abseits deines Meditationskissens kannst du deine Aura wahrnehmen – sei es beim Gehen auf der Strasse, beim Aufräumen zu Hause oder während du deine Aufgaben bei der Arbeit erledigst. Das Gefühl deiner Aura oder die Vorstellung davon lässt sich jederzeit bewusst hervorrufen.

Dabei hast du die Möglichkeit, die Realität bewusst zu erleben, während du gleichzeitig deine Aura und deinen Energiekörper spürst. Achte darauf, wie sich dein Bezug zur Realität und zur Welt um dich herum verändert. Spüre auch, wie sich der Spannungspegel deines Körpers verändert.

Entdecke deine Mittelachse

Die Energie ist zwar allgegenwärtig und formlos, aber die Vorstellung, die Energie in Bahnen zu strukturieren, hilft, mit ihr zu arbeiten und sie zu beeinflussen. Diese Metapher verleiht dem Energiekörper eine erkennbare Form. Durch das Erkennen dieser Form wird es möglich, den Energiekörper gezielt zu beeinflussen. Die Vorstellung von einem Bahnsystem suggeriert auch, dass die Energie fliesst und in Bewegung ist, und dass die Energiekanäle – wie alle Kanäle – auch blockiert sein können. Durch Energiearbeit können solche Blockaden gelöst werden.

Fast alle alten Traditionen, die sich mit Energie beschäftigen, arbeiten mit einem Bahnsystem. Diese Systeme umfassen oft unzählige Kanäle, wobei es Hauptkanäle gibt, die eine zentrale Rolle für Gesundheit, Selbstverwirklichung und spirituellen Fortschritt spielen. Daneben existieren unzählige sekundäre Kanäle, die weniger bekannt sind und seltener genutzt werden, wenn es darum geht, das Energiesystem gezielt zu beeinflussen.

Die Energiebahnen sind fest im Körper verankert und durchdringen ihn mit Lebenskraft. Sie vernetzen aber auch das gesamte Universum samt all seinen Dimensionen durch ein Geflecht aus Energiewegen.

Meditation: Die Mittelachse

In der kommenden Meditation wirst du dich mit deinem zentralen Energiekanal auseinandersetzen, um ihn bewusster zu erleben. Dieser Kanal symbolisiert die ausgewogene Mitte und die verbindende Achse zwischen Himmel und Erde. Als Tor zur inneren Balance und einem harmonischen Energiefluss ist er für die meisten Menschen gut zugänglich. Achtung: In der Yoga-Tradition wird die Öffnung dieses Energiekanals als ein bedeutender spiritueller Fortschritt angesehen, der von Yogis besonders angestrebt wird. Diese Meditation zielt nicht darauf ab, die Öffnung des Kanals zu erzwingen, sondern möchte dir eine Tür zur Wahrnehmung des Energiefeldes und dieses Kanals öffnen.

Setze dich oder lege dich hin und finde eine bequeme Position, in der du wach und präsent bleiben kannst, ohne dass deine Haltung dich ablenkt. Nimm bewusst wahr, wie dein Körper atmet – wie die Luft sanft in dich hineinströmt und auf natürliche Weise wieder ausströmt. Spüre, wie sich dein Bauchraum mit jeder Einatmung weitet und mit der Ausatmung sanft zusammenzieht.

Werde dir nun deiner Mittelachse bewusst. Stell dir vor oder sieh mit deinem inneren Auge, wie ein Lichtstrom entlang deiner Mittelachse fliesst. Nimm wahr, wie dieser Fluss des Lichts sich mit der Bewegung deines Atems verbindet. Erlaube diesem Fluss, seine eigene natürliche Strömung zu finden. Beobachte für einige Atemzüge, wie die Energie von deiner Kopfkrone nach unten zum Becken fliesst und von dort wieder aufsteigt. Mit jedem Atemzug wird diese Bewegung ruhiger und sanfter.

Nimm wahr, ob die Energie durch ein klares Gefäss, wie einen Kanal oder eine Röhre, fliesst – als würde sie eine vorgegebene Form durchströmen. Oder merke, ob der Energiefluss frei und ohne feste Begrenzung fliesst, und dabei selbst die Form der Energiebahn erschafft. Spüre weiter, wie die mittlere Energiebahn durch deine Präsenz fliesst.

Wenn du die Meditation beenden möchtest, bringe langsam deine Aufmerksamkeit zu deinem alltäglichen Körpergefühl zurück. Spüre, wie dein Körper den Boden berührt, und bewege sanft deine Zehen und Finger. Wenn du bereit bist, öffne langsam die Augen.

Die Energiezentren

Wichtige Sinnbilder innerhalb des Energiesystems sind die Kreuzungen der Bahnen, an denen Energiezentren entstehen. Diese Zentren spielen eine wesentliche Rolle, da sie den Zugang zum energetischen System eröffnen. Das bekannteste System der Energiezentren ist das Chakrensystem, das ursprünglich in Indien entstand und zu einem Symbol des menschlichen Energiesystems geworden ist.

Dieses uralte Konzept wurde im Laufe der Zeit weiterentwickelt, erweitert und mit neuen Bedeutungen aufgeladen. Die Arbeit mit den Chakren macht die Welt der Energie für viele Menschen zugänglich, und wir werden uns später in diesem Buch intensiver mit ihnen beschäftigen.

Die Wurzeln des Chakrensystems liegen in der hinduistischen Philosophie und definieren unter anderem die Kreuzungspunkte der drei Hauptenergiekanäle: Ida, Pingala und Sushumna. Ida und Pingala schlängeln sich um die Wirbelsäule und kreuzen sich dabei mehrfach, während Sushumna als zentraler Energiekanal gerade entlang der Wirbelsäule verläuft und den Hauptstrom der Energie bildet.

Existieren Chakren wirklich?

Nein, nicht wirklich. Die Chakren, mit ihrer Welt aus leuchtenden Farben und emotionalen Bedeutungen, existieren nicht im physikalischen Sinn. Stattdessen sind sie Sinnbilder, die helfen, das Unfassbare zu erfassen. Durch diese Symbole wird es möglich, mit immateriellen Konzepten auf einer greifbaren Ebene zu arbeiten. Die Chakren sind also als Metaphern zu verstehen, die dem, was keine Form hat, eine Gestalt verleihen. Dadurch entsteht eine symbolische Sprache, die einen Zugang zu tieferen Schichten der Realität und einer inneren Weisheit eröffnet. Sie sind Tore zu einer Quelle, die verborgen liegt, aber durch diese Symbole freigesetzt und zum Leben erweckt wird.

Das bedeutet jedoch nicht, dass das Konzept der Chakren falsch oder unbedeutend ist. Im Gegenteil: Wer mit diesen Sinnbildern arbeitet, kann erfahren, wie Energiearbeit sowohl die materielle als auch die psychische Realität beeinflusst und verändert. Diese energetische Arbeit macht die Chakren zur gelebten Realität.

Meditation: Chakren wecken

In der folgenden Meditation werden wir drei Chakren kennenlernen, die für die meisten Praktizierenden leicht zu fühlen und zu erleben sind. Vielleicht liegt das daran, dass sie die einflussreichsten Ebenen unseres Daseins symbolisieren: die Emotionen, die bedingungslose Liebe und den Verstand.

Setze oder lege dich bequem hin. Spüre, wie der Boden deinen Körper unterstützt, und erlaube deinem Körper, ganz locker und entspannt zu werden. Spüre, ob du dich in deinem Körper wirklich wohlfühlst, und passe deine Position gegebenenfalls an, um sie angenehmer zu gestalten. Richte dann deine Aufmerksamkeit auf die sanften Bewegungen des Atems in deinem Körper. Spüre, wie dein Körper atmet.

Atme tief ein, halte einen Moment inne und atme langsam und vollständig aus, und erlaube deinem Körper, mit jeder Ausatmung ein wenig mehr loszulassen.

Bringe nun deine Aufmerksamkeit sanft auf den unteren Bauchraum. Finde einen Bereich unterhalb des Nabels, vielleicht entlang deiner Mittelachse, und beginne, den Atem dort zu spüren. Stell dir vor, wie der Atem hier seinen Ursprung nimmt. Spüre, wie die Luft durch den unteren Bauch in deinen Körper hineinströmt und bei der Ausatmung von dort wieder hinausfliesst. Verweile ein paar Atemzüge bei dieser Vorstellung.

Spüre allmählich, wie der Atem diesen Bereich mit Energie füllt und wie ein sanftes Licht diesen Raum überflutet. Bleibe dabei so entspannt wie möglich und erlaube dieser Empfindung, angenehm zu sein.

Atme weiter, ganz ruhig und natürlich, und lass nach ein paar Atemzügen deine Aufmerksamkeit sanft zum Herzraum wandern. Spüre dort die feine Bewegung des Atems und nimm wahr, wie der Atem diesen Bereich berührt. Stell dir vor, wie die Luft durch dein Herz in deinen Körper strömt und bei der Ausatmung sanft wieder herausfliesst. Verweile einige Atemzüge bei dieser Vorstellung, während die Energie diesen Raum mit Licht und Lebendigkeit erfüllt.

Nach ein paar Atemzügen lass die Aufmerksamkeit behutsam zum Kopf wandern. Richte sie auf den Raum hinter der Stirn, in der Mitte deines Kopfraum und beginne, den Atem dort zu spüren. Spüre, wie der Atem hier seinen Ursprung nimmt. Stell dir vor, wie die Luft durch den Bereich im Kopf in deinen Körper strömt und bei der Ausatmung von dort wieder hinausfliesst. Verweile ein paar Atemzüge bei dieser Vorstellung. Spüre, wie sanfte Energie diesen Bereich erfüllt.

Bleibe bei deinem Atem und spüre, ob es dir angenehm ist, alle drei Bereiche – den unteren Bauch, den Herzraum und den Kopf – gleichzeitig zu erleben. Nimm wahr, wie der Atem in diesen drei Bereichen gleichzeitig hineinströmt und wie die Energie von ihnen in deinen Körper strömt. Erlaube der Energie, mit der Ausatmung durch diese Bereiche den Körper zu verlassen. Atme so ein paar Atemzüge lang, bis du spürst, dass die Empfindungen des Atems ganz klar und präsent sind.

Kehre allmählich zu deinem natürlichen Atem und deinem alltäglichen Körpergefühl zurück. Spüre erneut die Unterstützung des Bodens und strecke deine Finger und Zehen. Wenn du bereit bist, öffne wieder deine Augen.

Im letzten Teil des Buches werden wir die Arbeit mit dem Chakrensystem vertiefen.

Das Energiefeld ausgleichen

Gerät das Energiefeld aus seinem Gleichgewicht, fliesst die Energie ungleichmässig, was zu Störungen führen kann. Wie ein Seiltänzer, der sein Gleichgewicht zwischen links und rechts halten muss, um sicher voranzukommen, ist auch im Leben ein ständiges Ausbalancieren erforderlich.

Wenn ein Gleichgewicht wiederhergestellt ist, endet das Hin- und Hergerissensein sowie der ständige Konflikt zwischen zwei Polen, die um dieselben Ressourcen ringen – ein Konflikt, der selbst zusätzliche Energie beansprucht. Wird die Balance wiederhergestellt, entsteht eine nachhaltige Ruhe, und die freigesetzte Energie kann auf neue Weise genutzt werden, um Wachstum und Entwicklung zu ermöglichen.

Im Alltag spiegelt sich dieses Prinzip in der Balance zwischen den vielen Rollen wider, die wir übernehmen:

ein Gleichgewicht zwischen sozialen Verpflichtungen und persönlicher Zeit, zwischen produktiven Phasen und Momenten der Entspannung sowie anderen Aspekten des Lebens.

Das Energiefeld lässt sich auf verschiedenen Achsen ausgleichen. Die Achse von oben nach unten symbolisiert die Verbindung zwischen Himmel und Erde – eine Balance zwischen spirituellen oder göttlichen Aspekten und dem geerdeten, materiellen Alltag.

Gemäss der Yoga-Philosophie ist es wesentlich, eine Harmonie zwischen den rechten und linken Energiebahnen herzustellen, um die zentrale Achse des Energiekörpers zu öffnen und die Chakren zu aktivieren. Wenn die zentrale Achse – die von oben nach unten verläuft – ausgewogen ist, ist das Verhältnis zwischen den Chakren selbst im Gleichgewicht, was wichtig ist, um die persönliche Entwicklung zu fördern.

Ein Gleichgewicht auf der Achse von vorne nach hinten repräsentiert die Harmonisierung zwischen Bewusstem und Unbewusstem sowie die Balance zwischen Vergangenheit und Zukunft – ein Zusammenspiel, das unser energetisches Wohlbefinden tief beeinflusst.

Meditation: Die Achse
von links nach rechts ausgleichen

Die folgende Meditation basiert auf der Pranayama-Übung Nadi Shodhana, in der man die Wechselatmung zwischen dem linken und dem rechten Nasenloch praktiziert. Sie geht jedoch über die reine Atemtechnik hinaus, indem sie die ganze linke und rechte Hälfte des Körpers bewusst einbezieht. Die Meditation mag anfangs – ähnlich wie Nadi Shodhana – etwas verwirrend erscheinen. Deshalb kann es dir helfen, wenn du dir Folgendes merkst: Der Atem bewegt sich von links nach rechts und zurück. Bei der Einatmung fliesst der Atem zum Herzen, bei der Ausatmung zur gegenüberliegenden Seite. Die nächste Einatmung bringt den Atem zurück zur Mitte, bevor er mit der Ausatmung wieder zum Ausgangspunkt fliesst.

Plane für die erste Durchführung der Meditation etwa zehn Minuten ein. Wenn du möchtest, kannst du einen Timer stellen, damit du dich ganz auf die Meditation konzentrieren kannst, ohne auf die Zeit achten zu müssen. Bei einer regelmässigen Praxis kannst du die Meditation sowohl deutlich länger als auch in sehr kurzer Form ausführen. Manchmal genügt schon eine Minute, um das innere Gleichgewicht wiederherzustellen.

—)(—

Finde eine bequeme Position im Liegen oder Sitzen. Achte darauf, dass deine Handflächen nach oben zeigen und offen sind. Richte deine Aufmerksamkeit nach innen. Spüre, wie der Boden dich trägt und stützt, und gib dein Gewicht dem Boden ab. Nimm wahr, wie dein Körper atmet. Atme natürlich und gelöst.

Richte nun deine Aufmerksamkeit auf deine linke Hand. Stelle dir vor, durch die linke Hand einatmen zu können. Spüre, wie dein Atem dort seinen Anfang nimmt, durch deinen Arm bis zu deinem Herzen fliesst und sich mit der Ausatmung über die rechte Körperseite hinaus fortsetzt. Fühle – oder stell dir vor – wie er über den rechten Arm und durch die rechte Hand wieder nach aussen strömt.

Beginne den nächsten Atemzug auf der rechten Seite. Atme durch die rechte Hand ein und spüre, wie die Luft durch den rechten Arm bis zum Herzen strömt. Lass die Ausatmung nun auf die linke Seite fliessen. Spüre, wie der Atem durch den linken Arm strömt und über die linke Hand hinausgleitet.

Atme auf diese Weise etwa zehn Minuten weiter. Atme durch eine Seite ein, atme durch die gegenüberliegende Seite aus und dann von dieser Seite gleich wieder ein. Bleibe ganz ruhig und entspannt. Du kannst dir den Atem als eine Welle aus Licht oder Energie vorstellen, die sanft von Seite zu Seite durch dich hindurchfliesst.

Wenn die Zeit vorbei ist, spüre in deinen Körper hinein und sobald du dich bereit fühlst, öffne die Augen.

Meditation: Die Achse von oben nach unten ausgleichen

Diese Meditation ist dem Ausgleichen der vertikalen Achse gewidmet, die die Verbindung zwischen Himmel und Erde symbolisiert. Sie kann beispielsweise helfen, das Gleichgewicht zwischen den spirituellen, höheren Aspekten des Seins und den erdverbundenen, materiellen Aspekten unseres Alltags wiederherzustellen. Auch in dieser Meditation arbeiten wir mit dem Atem, und auch hier gilt: Die Einatmung strömt immer zum Herzen, die Ausatmung fliesst vom Herzen weiter und die nächste Einatmung kehrt zum Herzen zurück.

Finde eine bequeme Position im Sitzen. Stelle sicher, dass deine Wirbelsäule aufrecht ist, aber der Körper entspannt bleibt. Schliesse die Augen und atme ruhig und gleichmässig.

Richte nun deine Aufmerksamkeit auf deine energetische Mitte: dein Herz. Beginne mit der nächsten Einatmung und stell dir vor, wie der Atem von oben in Richtung deines Herzens fliesst. Spüre wie sich der Atem im Herzen sammelt und lass mit der Ausatmung den Atem nach unten, tief in dein Becken fliessen. Ziehe mit der kommenden Einatmung den Atemfluss wieder nach oben, zurück zum Herzen. Verweile einen Moment und lass dann mit der Ausatmung den Atem weiter nach oben, bis zur Kopfkrone aufsteigen. Wiederhole diese Atmungsabfolge ruhig und entspannt weiter: Einatmung zum Herzen, Ausatmung weiter nach unten, Einatmung wieder zum Herzen, Ausatmung weiter nach oben.

Atme auf diese Weise etwa zehn Minuten weiter. Bleib ganz ruhig und entspannt. Du kannst dir den Atemfluss als eine Welle aus Licht oder Energie vorstellen, die sanft von oben nach unten und zurück durch dich hindurchfliesst. Vielleicht möchtest du den Atem auch hoch über deinen Kopf hinaus fliessen lassen und tief in den Boden unter dir senden. Geniesse dieses Gefühl, verbunden zu sein. Spüre, wie geerdet und gleichzeitig grenzenlos und gelassen du dich fühlen kannst.

Wenn die Zeit vorbei ist, bring deine Aufmerksamkeit zurück in das alltägliche Körpergefühl. Nimm dir einen Moment, um das neue Gleichgewicht zu spüren und wenn du bereit bist, öffne langsam deine Augen. Willkommen zurück.

Meditation: Die Achse
von hinten nach vorne ausgleichen

Mit dieser Meditation kannst du eine weitere Achse harmonisieren – eine, die oft übersehen wird. Was hinter uns liegt, gerät schnell in den Bereich des Unterbewussten, während das, was vor uns liegt, so präsent und greifbar ist, dass es unsere Aufmerksamkeit vollständig beansprucht und das Vergangene in den Hintergrund drängt.

Das Ausgleichen der Achse von hinten nach vorne kann helfen, Bewusstes und Unterbewusstes in Einklang zu bringen, vergangene Traumata zu verarbeiten und Ängste vor der Zukunft zu lösen. Diese Harmonisierung trägt schliesslich auch dazu bei, aufrechter zu stehen, da die meisten Menschen sich tendenziell leicht nach vorne neigen. Wenn wir aufrecht stehen, wird zudem die Balance der vertikalen Achse gestärkt.

Auch in der folgenden Meditation wirst du den Atem oder die Empfindung des Atems lenken, um das Energiefeld zu harmonisieren. Falls es dir kompliziert erscheint, nutze dies als Orientierung: Einatmen zum Herzen – Ausatmen weiter nach vorne bzw. hinten – Einatmen zurück zum Herzen.

Finde eine bequeme Position im Sitzen. Schliesse die Augen und atme ruhig und gleichmässig. Spüre, dass deine Wirbelsäule aufrecht ist, und lass den Rest des Körpers entspannt bleiben.

Bringe die rechte Hand ein paar Zentimeter vor die Brust. Öffne die Handfläche zum Herzen hin. Nimm die Empfindungen in deiner Hand wahr. Spüre die Präsenz der Hand und ihre Lebendigkeit. Erlebe deine Hand mehr als Energiefeld als eine materielle Hand. Atme.

Mit der nächsten Einatmung spüre – oder stell dir vor –, wie du die Empfindungen der Energie von deiner Hand zum Herzen ziehst. Lass sie sich im Herzen sammeln, und mit der darauffolgenden Ausatmung lass die Energie vom Herzen nach hinten fliessen. Atme erneut ein und ziehe die Energie von hinten zurück zum Herzen. Mit der nächsten Ausatmung lass sie wieder zur Hand vor dir fliessen. Führe auf diese Weise zehn oder mehr Runden durch, während du entspannt und aufmerksam bleibst.

Erlaube deinem Körper und deinem gesamten Energiefeld, sich auf die neue Balance einzustimmen. Atme ruhig und mühelos: Einatmen in Richtung Herz, Ausatmen weiter nach vorne bzw. hinten und von dort mit der Einatmung zurück. Bleibe dabei natürlich und gelöst.

Wenn die Zeit, die du dir vorgenommen hast, vorbei ist, bereite dich auf den Abschluss vor. Bringe deine Hand vom Herzen zu deinem Gesicht und spüre die Wärme sowie die Energie, die sie ausstrahlt. Löse deine Aufmerksamkeit sanft von deiner Wirbelsäule und spüre den ganzen Körper auf einmal. Wenn du bereit bist, öffne langsam die Augen.

In diesem Kapitel hast du die Grundlagen der Energiearbeit kennengelernt – sowohl in der Theorie als auch hoffentlich in der Praxis, denn erst durch die Anwendung der Meditationen kannst du die dahinterliegenden Philosophien und Konzepte in ihrer Tiefe erfassen und erleben.

Im kommenden Buchteil wirst du lernen, die Energie in dir noch präziser wahrzunehmen und dir die Energiearbeit wirklich zu eigen machen. Ab hier wird es besonders spannend. Viel Spass dabei!

Teil 3
Vertiefe die Arbeit

Deinen authentischen Weg finden

Es gibt viele Theorien, Philosophien und Methoden, wie Energiearbeit praktiziert werden kann. Doch es ist wichtig, keine Theorie – egal welche – einfach anzunehmen. Energiearbeit musst du dir selbst zu eigen machen und die Methode auf eine Weise anwenden, die für dich authentisch ist. Schliesslich geht es hier um Metaphern und Symbole, die für dich wirksam sein sollen.

In diesem Kapitel erfährst du, wie du Symbole so nutzen kannst, dass sie in dir Gefühle wecken, tiefgehende Empfindungen auslösen oder eine spürbare Resonanz erzeugen. Auf diese Weise kannst du mit tieferen Dimensionen in dir in Kontakt kommen, mit ihnen kommunizieren und sie beeinflussen.

Meditation: Wo befinden sich deine Chakren genau?

In der folgenden Meditation wirst du deine Aufmerksamkeit durch die Chakren bewegen. Bei jedem Chakra wirst du eingeladen, die genaue Platzierung des jeweiligen Chakras in dir zu finden. Du wirst hier mit acht Chakren arbeiten, wobei sich das achte Chakra ausserhalb des Körpers, etwa vierzig Zentimeter über dem Kopf, befindet. Diese Meditation konzentriert sich vor allem auf die energetische Wahrnehmung der Chakren im Körper. Im letzten Teil des Buches wirst du tiefer in das Chakrensystem eintauchen und mehr über die Funktionen und Bedeutungen der einzelnen Chakren entdecken.

Um die Wahrnehmung der Chakren zu intensivieren, nutzen wir in dieser Meditation das Mantra OM, um jedes Chakra in Schwingung zu versetzen. Obwohl traditionell jedes Chakra ein eigenes Mantra hat, fokussieren wir uns in dieser Übung bewusst auf das universelle OM, da es hier darum geht, die Platzierung des jeweiligen Chakren zunächst zu spüren, ohne sich direkt in ihre individuellen Qualitäten zu vertiefen. Die Meditation dauert zwischen 15 und 20 Minuten, um genug Zeit bei jedem Chakra zu verbringen. Lies zunächst den Text der Meditation, um das Konzept zu verstehen, sodass du die Meditation später ohne den begleiteten Text durchführen kannst.

——⟩(——

Finde eine bequeme Sitzposition, in der deine Wirbelsäule aufrecht ist. Nimm wahr, wie dein Körper atmet,
und spüre die Bewegung des Atems im Bauchraum.
Nimm wahr, wie sich die Ruhe im Bauch langsam im gesamten Körper ausbreitet

Bringe nun deine Aufmerksamkeit zum Wurzelchakra,
das sich im Beckenboden befindet, an der Basis deines
Rumpfes. Nimm diesen Bereich bewusst wahr. Vielleicht spürst du dort die sanfte Bewegung des Atems.
Vielleicht erlebst du dort ein Gefühl von Präsenz. Beginne, dir in diesem Bereich einen kleinen Lichtball
vorzustellen.

Stell dir vor, dass der Lichtball etwa die Grösse einer Ap-
fel hat. Spüre, wie es sich anfühlt, wenn der Lichtball
langsam kleiner und konzentrierter wird. Achte darauf,
wie sich dadurch die Empfindungen in deinem ganzen
Körper verändern.

Lass den Lichtball nun sanft oberhalb des Beckenbodens in deinem Beckenraum umherwandern. Dieser
Bereich ist sehr intim und vielleicht fühlt sich die Übung

zunächst ungewohnt an. Arbeite behutsam und respektvoll, bleibe ganz bei dir und aufmerksam. Lass den Lichtball mal näher zum Boden und dann wieder höher im Beckenraum wandern. Lass ihn sanft nach vorne in Richtung des Schambeins wandern und dann wieder zurück zum Steissbein. Finde die Stelle, an der sich der Lichtball wie zu Hause und verankert fühlt und wohltuend mit diesem Bereich mitschwingt.

Stimme die Grösse des Lichtballs und die Intensität seines Lichts fein ab. Vergiss dabei nicht, dass es keine richtige oder falsche Stellung oder Form gibt. Du suchst, was für dich wirksam und stimmig ist!

Erlebe dein Wurzelchakra ganz bewusst. Vielleicht spürst du nun im ganzen Körper eine Veränderung. Vielleicht wirst du nun aufrechter sein. Vielleicht spürst du eine neue Leichtigkeit. Singe nun innerlich dreimal OM und lass dabei die Vibrationen und die Strahlkraft des Lichts stärker werden.

Wenn du spürst, dass es Zeit ist, zum zweiten Chakra zu wandern, lass deine Aufmerksamkeit sanft in den unteren Bauchraum gleiten. Stell dir dort einen kleinen Lichtball zwischen Nabel und Schambein vor. Fühle intuitiv seine Grösse und die passende Intensität. Bewege den Lichtball sanft nach vorne, näher zur Bauchdecke, und zurück zur Wirbelsäule. Finde den Punkt, an dem sich der Ball verankert und harmonisch mitschwingt. Erlaube der Strahlung der Lichtquelle stärker zu werden. Spüre, wie sich die innere Erfahrung im Bauchraum und vielleicht auch im ganzen Körper verändert. Vielleicht möchtest du hier innerlich dreimal OM singen, um die Schwingung des Chakras und die Leuchtkraft des Lichts zu verstärken.

Wenn du bereit bist, lass deine Aufmerksamkeit sanft weiter nach oben wandern bis zum Sitz des dritten Chakras – der obere Teil des Bauchraums, zwischen Nabel und Brustkorb. Nimm dir Zeit, um die passende Stelle und Form deines Lichtballs herauszufinden, an der er sich am wirksamsten anfühlt. Wenn du diesen Punkt gefunden hast, lass den Lichtball dort ruhen. Erlebe, wie das innere Licht die ganze Region sanft beeinflusst. Merke, wie auch andere Körperregionen davon beeinflusst werden. Singe innerlich dreimal OM, um ihn zu verankern und seine Schwingung zu intensivieren.

Unsere Reise führt uns nun zum Herzchakra. Lenke deine Aufmerksamkeit sanft in den Bereich deines Herzens. Nimm dir Zeit, intuitiv die Grösse und Position deines inneren Lichtballs wahrzunehmen. Ist er so gross wie ein

Tennisball oder eher klein wie ein Diamant? Befindet er sich näher am Brustbein oder eher an der Wirbelsäule? Wenn du spürst, dass du die richtige Stelle gefunden hast, fühle die Verbindung, die nun zwischen deinem Lichtball und deinem inneren Feld entsteht. Wie beeinflusst die Verbindung dein Energiefeld? Wenn es sich für dich stimmig anfühlt, kannst du innerlich OM singen und dein Herzchakra noch heller strahlen lassen.

Von hier aus geht es weiter zum Halschakra. Lass deine Aufmerksamkeit sanft in den Halsraum wandern. Spüre den Bereich rund um deinen Kehlkopf und finde die Position und die Grösse des Lichtballs, die sich für dich richtig anfühlt. Wenn du diese gefunden hast, verweile dort für ein paar Atemzüge und erlaube dem Chakra zu leuchten. Vielleicht singst du innerlich OM und lässt das Halschakra in seiner Strahlkraft aufblühen.

Lass deine Aufmerksamkeit weiter nach oben steigen, bis sie im Kopfraum auf Höhe deiner Stirn ankommt – dem Sitz des sechsten Chakras. Nimm dir einen Moment, um die Grösse und Helligkeit des Lichtballs in diesem Bereich zu bestimmen. Finde die kraftvolle Position des Lichtballs – zwischen der Stirnoberfläche und der Mitte des Kopfraums. Singe hier dreimal OM und spüre, wie dein Stirnchakra, das dritte Auge, durch diese

Schwingung intensiver fühlbar wird. Lass sein Licht den gesamten Kopfraum durchdringen und erleuchten.

Wandere mit deiner Aufmerksamkeit weiter nach oben und richte sie auf den Scheitelpunkt deines Kopfes, den Sitz des Kronenchakras. Stell dir vor, wie der Lichtball sanft an deinem Scheitel ruht und sich ausdehnt oder kleiner und konzentrierter strahlt. Nimm seine Form wahr – vielleicht bleibt er rund, oder er öffnet sich nach oben, bereit, Licht und Energie zu empfangen. Wenn du möchtest, singe innerlich OM und lass dein Kronenchakra in vollem Glanz erstrahlen.

Die Reise führt dich weiter über deinen Körper hinaus, etwa vierzig Zentimeter über deinen Kopf. Stell dir einen leuchtenden Energieball in diesem Raum vor. Bestimme intuitiv seine Höhe und Grösse und lass ihn sanft strahlen.

Bleibe geduldig und lasse deine Erwartungen los. Das Spüren ausserhalb des Körpers ist ungewohnt und kann schwierig sein. Bleibe offen für jede Empfindung. Geniesse dieses bereichernde meditative Erlebnis, auch wenn du nichts spürst.

Bleibe hier so mühelos wie möglich, bereit, geduldig zu

empfangen. Stell dir vor oder spüre, wie dieses Chakra nun sanft und beständig zu leuchten beginnt. Bestimme auch die genaue Höhe des Lichtballs und seine Grösse, in der er am besten strahlen kann und mit deinem ganzen Dasein schwingt.

Spüre jetzt deinen gesamten Körper und geniesse das Gefühl, ein leuchtendes Energiefeld zu sein. Fühle, wie sich dein Atem durch dein Energiefeld bewegt. Kehre dann langsam ins alltägliche Körperbewusstsein zurück, strecke sanft deine Finger und Zehen, und öffne, wenn du bereit bist, deine Augen.

Du hast nun deine Chakren und dadurch das ganze Energiefeld geweckt und bewusst erlebt. Je häufiger du diese Meditation machst, umso weniger Zeit wirst du brauchen, um sie vollständig durchführen zu können. Du wirst merken, dass sich die Position deiner Energiezentren manchmal verändert, doch du wirst schneller fühlen, wenn du die momentane Stelle der Chakren gefunden hast. Wenn du die Position eines Chakras nicht spürst, kannst du dir immer vorstellen, dass du die richtige Stelle gefunden hast, und dir vorstellen, wie es leuchtet und die jeweiligen Körperbereiche mit leuchtender Energie füllt.

Blockaden und ihre Lösung

Fliessen ist Leben. Wenn Wasser in der Natur nicht mehr fliesst und sich staut, beginnt die Umgebung zu verfaulen. Wenn Wasser nicht weiterfliesst, erreicht es nicht die durstige Erde, Pflanzen, Tiere und Menschen. Wenn sich der Stau schlussendlich löst, kann es zu gewaltigen Überschwemmungen kommen, die Zerstörung und Chaos mit sich bringen.

So können wir uns die Lebensenergie vorstellen: Sie muss fliessen, um den Körper zu beleben und gesund zu halten. Sie muss fliessen, um unsere emotionale Welt in Harmonie zu bringen. Sie muss fliessen, um unseren Verstand mit Klarheit zu erfüllen. Und sie muss fliessen, um unseren Geist mit Frieden und Zufriedenheit zu nähren.

Blockaden oder Stauungen im Energiefluss können innere oder äussere Konflikte sowie körperliche und emotionale Beschwerden hervorrufen – oder besser gesagt: Diese Konflikte und Beschwerden selbst sind die Blockaden oder spiegeln den gestörten Energiefluss wider.

Blockaden entstehen häufig, wenn Menschen sich gegen die Realität wehren und sich schwer tun, Dinge hinzunehmen, die sie nicht ändern können. Blockaden bilden sich durch Gewohnheiten, Lebensstil, Sichtweisen und Einstellungen sowie durch emotionale Verletzungen und Traumata. Oft waren die Blockaden ursprünglich eine passende Lösung für eine bestimmte Situation. Mit der Zeit haben sie sich jedoch verhärtet und bestehen weiterhin, obwohl die auslösende Situation längst der Vergangenheit angehört. Auf der einen Seite stellen sie eine Störung dar, aber manchmal formen sie die Persönlichkeit und prägen deren Geschichte. In diesem Sinne können sie auch ein Geschenk sein, das jeden Menschen einzigartig macht.

Blockaden sind manchmal komplex. Häufig bilden sie ein Geflecht aus kleinen Blockaden, das noch schwieriger zu lösen ist, als es zunächst scheint. Sie können auch unbewusst sein, was zu ihrer Komplexität beiträgt. Vertraute Personen erkennen diese Blockaden vielleicht eher als die betroffene Person selbst. Manchmal sind sie so verborgen, dass fachkundige Unterstützung notwendig ist, um sie aufdecken zu können.

Viele Blockaden lösen sich schnell, andere begleiten

uns ein Leben lang und sind tief verankert. In einigen Traditionen gelten sie als Überbleibsel aus früheren Leben, verbunden mit unserem Karma. In der modernen Psychologie hingegen werden sie oft als Ergebnis unserer oft unbewussten Kindheitserfahrungen und als Sammlung von Ängsten und Enttäuschungen gesehen.

Die Festigkeit der Blockaden kann man sich wie ein Haus vorstellen: Den Boden und die Fenster sauber zu halten, ist einfach, ebenso wie die Möbel zu verschieben, um die Innengestaltung zu verändern. Doch die Wände zu bewegen, ist schwierig, und die Fundamente sind nahezu unveränderbar.

Negative Energie

Menschen verbinden mit positiver Energie oft die Kräfte, die sie auf ihrem Weg unterstützen, sei es in Bezug auf Gesundheit, soziale Beziehungen oder berufliche Ziele. Negative Energie hingegen wird häufig mit Pech, Krankheit, schlechter Laune und unerwünschten Einflüssen assoziiert, die das Leben erschweren. Aber können wir wirklich beurteilen, was gut oder schlecht für uns ist? Wissen wir wirklich, welche langfristigen Konsequenzen jedes Ereignis mit sich bringt? Was heute als positiv erscheint (zum Beispiel das neue Auto, das du vom Geschäft erhalten hast), kann sich schnell als negativ herausstellen (wie ein Unfall damit). Doch auch daraus kann wieder etwas Positives entstehen (die Krankenschwester im Spital ist jetzt deine Verlobte). Das Leben ist voller unerwarteter Wendungen.

Und wenn tatsächlich negative Energie gefunden wird, wohin sollte sie dann vertrieben werden? Unter den Teppich? Zu anderen Menschen in deiner Nähe oder in deine Umgebung, die dadurch belastet wird?

Genau wie Dunkelheit nicht das Gegenteil von Licht ist, sondern einfach dessen Abwesenheit, ist auch negative Energie eher das Fehlen eines freien Energieflusses. Dunkelheit lässt sich nicht direkt vertreiben; doch wenn mehr Licht geschaffen wird und die Hindernisse, die es blockieren, aufgelöst werden, verschwindet die Dunkelheit von selbst. Ebenso lässt sich der Energiefluss fördern, indem energetische Blockaden gelöst werden, sodass die Energie wieder frei fliessen kann.

Energiearbeit kann liebevoll und ohne die Notwendigkeit, dunkle Kräfte zu bekämpfen, praktiziert werden. Stattdessen kann der Lebensfluss gefördert werden, indem Blockaden gelöst werden und Energie in Bereiche gelenkt wird, die Mangel erfahren – einen Mangel, der sich oft in Form von gesundheitlichen Beschwerden oder anderen Lebensproblemen zeigt.

Mit Energiearbeit Blockaden lösen

Es gibt verschiedene Methoden, um Blockaden mit Energiearbeit zu lösen. In diesem Kapitel konzentrieren wir uns auf zwei grundlegende Ansätze. Der erste besteht darin, Energie gezielt durch die Blockade oder in einen energetisch schwachen Bereich fliessen zu lassen, um das Problem aufzulösen. Der zweite Ansatz basiert auf radikaler Akzeptanz: Die Praktizierenden nehmen die Blockade ganz bewusst wahr und lassen sie zu. Denn tiefes Annehmen und Zulassen unterstützen letztlich einen ungestörten Energiefluss.

Der erste Ansatz, die Energie zum Fliessen bringen, ist eher aktiv und kann als kraftvoll oder sogar gewaltig empfunden werden, da der Energiefluss teilweise erzwungen wird und gegen Widerstände ankämpfen muss. Bei diesem Ansatz ist es entscheidend, dass die Praktizierenden aufmerksam bleiben, um den inneren Widerstand nicht unnötig zu verstärken.

Der zweite Ansatz – das Zulassen – birgt die Herausforderung, dass eine tiefe Akzeptanz für viele Praktizierende nicht leicht ist. Es widerspricht oft unserer natürlichen Tendenz, aktiv auf Situationen zu reagieren. Um wirklich loslassen zu können, ist es notwendig, sich zunächst von der Identifikation mit dem Anliegen zu lösen. Das mag anfangs kontraintuitiv wirken, besonders wenn wir gerade versuchen, das Anliegen zu klären oder zu lösen. Die Einladung des zweiten Ansatzes besteht darin, die gesamte Situation aus einem höheren Bewusstseinszustand zu betrachten und sie in diesem Zustand vollständig zu akzeptieren. Dabei wird das Zulassen zu einem Bewusstseinszustand, der über das blosse Nachdenken hinausgeht. Es geht nicht darum, sich mental davon zu überzeugen, die Situation zu akzeptieren, sondern um die bewusste Entscheidung, sich in den Zustand der Annahme zu begeben. Welcher Ansatz angewendet wird, hängt stark von der jeweiligen Person sowie von der Zeit und Situation ab.

Meditation:
Eine Energieblockade aktiv lösen

In dieser Übung wirst du auf eine körperliche Beschwerde eingehen und versuchen, sie mit einem aktiven Ansatz auszugleichen.

Finde für dich eine bequeme Position, entweder im Sitzen oder im Liegen, und richte deine Aufmerksamkeit nach innen. Spüre den natürlichen Fluss deines Atems und bemerke, wie er allmählich ruhiger und sanfter wird. Erlaube dir, den Körper von innen wahrzunehmen. Nimm alle inneren Empfindungen wahr, die in deinem Körper präsent sind.

Finde nun einen Bereich in deinem Körper, in dem du eine körperliche Beschwerde hast. Es kann ein Schmerz oder eine Einschränkung sein, vielleicht etwas, das dich schon länger begleitet, oder etwas, das erst kürzlich aufgetreten ist. Es können auch emotionale Beschwerden sein – für diese Übung ist es jedoch hilfreich, wenn das Anliegen mit einem bestimmten Bereich deines Körpers verbunden oder verankert ist.

Lege deine Hände sanft auf den Bereich deines Körpers, in dem du die Beschwerden wahrnimmst. Visualisiere die Beschwerde als eine innere energetische Blockade. Stell dir vor, wie die Energie in diesem Bereich gestaut ist und kaum weiterfliessen kann. Sei neugierig und erkunde die Empfindungen – Wärme, Kälte, Druck, Enge oder Kribbeln, die rund um die Blockade entstehen.

Bleibe präsent. Anstatt dich in Gedanken darüber zu verlieren, warum die Blockade da ist oder wie sie verschwinden könnte, konzentriere dich nur auf das, was du jetzt gerade fühlst.

Erforsche den Bereich jenseits der Blockade. Richte deine Aufmerksamkeit auf die angrenzenden Körperbereiche. Spüre, wie die Energie dort vielleicht schwächer fliesst oder weniger präsent ist.

Stell dir nun vor, dass ein sanfter Energiefluss aus deiner Hand strömt. Spüre, wie die Energie in deinen Körper fliesst und behutsam die Blockade durchdringt und sanft auflöst. Erlaube der Energie, auch in den Bereich zu fliessen, der jenseits der Blockade liegt. Bleibe geduldig und beobachte, wie die Energie auf natürliche Weise Wege findet, die Blockade zu durchdringen oder sanft zu umgehen. Achte darauf, dass es angenehm bleibt, und behalte eine positive Einstellung gegenüber der Blockade bei.

Sieh die Blockade nicht als Störung, die du eliminieren musst, sondern als Gelegenheit oder Aufforderung, Energie fliessen zu lassen und dich mit deiner inneren Welt auseinanderzusetzen. Lass die Energie so für ein paar Atemzüge weiterfliessen, bis du spürst, dass es für den Moment genug ist. Nimm dir Zeit, um wieder in dein normales Körpergefühl zurückzukehren. Wenn du bereit bist, öffne sanft die Augen.

Meditation: Eine Energieblockade durch Zulassen lösen

In dieser Meditation wirst du mit dem zweiten Ansatz arbeiten und erfahren, wie es sich anfühlt, eine Energieblockade allein durch tiefe Akzeptanz zu lösen. Du kannst diese Meditation direkt im Anschluss an die vorherige machen oder eine kurze Pause dazwischen einlegen. Wenn du beide Meditationen in kurzem Abstand nacheinander machst, wird es dir leichter fallen, die Ansätze miteinander zu vergleichen.

Bringe dich in eine bequeme Meditationsposition, entweder sitzend oder liegend. Richte deine Aufmerksamkeit nach innen. Spüre, wie dein Körper atmet, und nimm wahr, wie die Energie in deinem Körper fliesst. Nimm alle Empfindungen als Energie wahr. Spüre, wie dein Atem ruhiger wird und deine innere Welt präsenter.

Finde nun eine Stelle im Körper, an der du eine Störung in der Energie wahrnimmst. Es kann das gleiche Thema sein, an dem du in der vorherigen Meditation gearbeitet hast, oder du wählst etwas anderes – sei es körperlich oder geistig. Wichtig ist, ein Anliegen zu finden, das in deinem Körper verankert ist.

Platziere nun deine Hand auf dem Bereich, in dem du die Störung spürst. Bleibe ruhig und achtsam. Nimm die Blockade wahr und erlaube, dass die Empfindungen oder die Vorstellung der Blockade stärker und präsenter werden. Lass alles, was du spürst, einfach zu. Erlaube der Blockade und allen Gefühlen, die mit ihr einhergehen, einfach zu sein, und schenke ihnen deine volle Präsenz und Aufmerksamkeit – eine Aufmerksamkeit, der du bisher vielleicht aus dem Weg gegangen bist, um unangenehme Empfindungen unbewusst zu vermeiden.

Merke, wie stark der Drang ist, die Blockade zu lösen, und akzeptiere auch diesen Drang. Wenn du das Gefühl hast, dass du dich von der Blockade nicht distanzieren kannst, nimm auch das an. Erlaube dir, die Unruhe wahrzunehmen, die damit einhergeht. Akzeptiere, dass du nicht alles loslassen kannst – und lass auch diese Unruhe einfach in dir sein. Nimm wahr, ob innere Konflikte durch das Zulassen entstehen. Anstatt zu versuchen, die Konflikte zu lösen, finde in dir eine Dimension, die von ihnen unberührt bleibt – eine Dimension, die diese Konflikte auf natürliche Weise zulässt.

Verweile in diesem Bereich, bis du eine innere Veränderung spürst. Vielleicht löst sich die Blockade auf, oder du wirst einen tieferen Energiefluss wahrnehmen. Akzeptiere es auch, wenn du keine Veränderung spürst, und nimm deine Ungeduld bewusst wahr.

Auch wenn du keine Veränderung wahrnehmen kannst, lade dich dazu ein, ein tiefes Vertrauen zu spüren und zu entwickeln – ein Vertrauen darauf, dass Heilung dennoch stattgefunden hat. Ohne dieses Vertrauen besteht die Gefahr, neue Blockaden zu erzeugen. Lass dieses Vertrauen in dir wachsen, selbst wenn du im Moment keine offensichtliche Veränderung spürst. Verweile in der Gewissheit, dass dein achtsames Bewusstsein bereits einen heilsamen Prozess in Gang gesetzt hat.

Bleibe hier aufmerksam und entspannt für ein paar Atemzüge, bis du spürst, dass es für den Moment genug ist. Nimm dir Zeit, um wieder in dein normales Körpergefühl zurückzukehren. Wenn du bereit bist, öffne sanft die Augen.

Nimm dir nun Zeit, die beiden Vorgänge zu reflektieren: Was fiel dir leicht, und bei welcher Meditation hast du Herausforderungen bemerkt? Wo und wie hast du Veränderungen wahrgenommen? Wie ruhig hast du dich am Ende jeder Meditation gefühlt? Kannst du bereits Erkenntnisse aus dieser Übung gewinnen? Vielleicht möchtest du sie wiederholen, um die Erfahrung für dich klarer zu machen und sie zu vertiefen?

Philosophischer Abstecher: Ego und Energiearbeit

Das Ego ist ein facettenreicher Begriff, der unter anderem in der Psychologie, Soziologie, Theologie und in verschiedenen spirituellen Philosophien häufig verwendet wird. In diesem Buch wird das Ego als jener Aspekt der menschlichen Persönlichkeit beschrieben, der für Überleben und Wohlbefinden sorgt – ein Geflecht aus Energien und unbewussten Antrieben, das körperliche und emotionale Sicherheit gewährleistet. Dabei bindet das Ego die Persönlichkeit an bestimmte Identitäten, fördert das Bedürfnis nach Kontrolle über das Leben und verstärkt das Gefühl der Trennung von anderen und der Welt.

Gleichzeitig trägt das Ego dazu bei, persönliche Entwicklung zu fördern. Es ermutigt, Verantwortung für das eigene Wohlbefinden sowie für das Wohlergehen der Gemeinschaft und der Umwelt zu übernehmen. Dabei hilft es, ein gesundes Selbstwertgefühl zu entwickeln und eigene persönliche Grenzen zu respektieren. Obwohl das Ego im Kern wohlmeinend ist, wird es oft als Quelle von Verwirrung und Leiden wahrgenommen und gilt als Ursprung von Ängsten, Gier, Eifersucht und Hass.

In der Energiearbeit wird das Ego weder verurteilt noch in Kategorien wie positiv oder negativ eingeordnet. Es geht nicht darum, das Ego als *gut* oder *böse* zu bewerten, sondern anzuerkennen, dass es Blockaden verstärken und den natürlichen Energiefluss hemmen kann. Es geht darum, das Ego zumindest für die Dauer der Praxis in den Hintergrund zu stellen, damit wir aus einer tieferliegenden Ebene heraus arbeiten können. Es ist wichtig, nicht gegen das Ego anzukämpfen – weil Kampf immer noch mehr Blockaden schafft –, sondern einen inneren Raum zu finden, der frei vom Einfluss des Egos ist.

Das mag einfach klingen, doch oft ist es schwierig, das Ego in sich überhaupt zu erkennen, da wir uns stark mit ihm und der Identität, die es schützen will, identifizieren. Energiearbeit bietet jedoch hilfreiche Methoden und Techniken, die es ermöglichen, das Ego zumindest während der Übungen vorübergehend loszulassen. Diese Praxis kann uns unterstützen, eine Verbindung zu unseren tieferen Empfindungen und der Essenz unseres Wesens zu schaffen, frei von den Filtern und Begrenzungen, die das Ego oft aufrechterhält.

Blockaden zulassen oder aktiv auflösen

Ein gutes Beispiel für eine Methode, die den starken Einfluss des Egos verringert, haben wir in der letzten Meditation erfahren. Dabei hatten wir die Möglichkeit, wahrgenommene Blockaden entweder aktiv energetisch zu lösen oder sie mit voller Achtsamkeit anzunehmen. Wenn wir uns dafür entschieden haben, Blockaden vollständig zu akzeptieren, hat das einen Bewusstseinszustand gefördert, der weitgehend vom Einfluss des Egos befreit war.

Wenn wir Blockaden oder Herausforderungen annehmen und zulassen – oder sogar das Leben als Ganzes annehmen und zulassen –, entwickeln wir ein tiefes Vertrauen in das Leben selbst. Dadurch befreien wir uns von der ermüdenden Anstrengung des Egos, ständig die Umstände verändern oder kontrollieren zu wollen. Dieses Loslassen schenkt uns ein Gefühl von Ruhe und innerem Frieden, und dieses Gefühl selbst kann durch den ungestörten Energiefluss innere Blockaden befreien.

Das Zulassen wirft ein philosophisches Dilemma auf:

Eine Haltung völliger Akzeptanz könnte unsere eigene Sicherheit und die Entwicklung unserer Gemeinschaft gefährden, indem wir Gefahren oder ungerechte Situationen hinnehmen, anstatt aktiv zu handeln, um sie zu beseitigen. Darüber hinaus suchen viele Menschen in der Energiearbeit nach Lösungen für bestimmte Probleme. Wie also lässt sich der Wunsch nach Veränderung mit dem völligen Annehmen des Moments vereinen?

Der grundlegende, existenzielle Konflikt zwischen der Akzeptanz des Lebens und dem Streben nach seiner Verbesserung ist nicht nur theoretisch, sondern beeinflusst, wie Menschen ihr Leben gestalten und auch wie sie Energiearbeit praktizieren.

Karma Yoga bietet einen Ansatz, um diesen philosophischen Konflikt aufzulösen oder zumindest ein ausgewogenes Gleichgewicht zwischen Akzeptanz und Handeln zu finden. Gemäss der Lehre des Karma Yoga ruft jedes Handeln und Bemühen zwangsläufig zukünftige Lebensumstände und Ereignisse hervor, die zu noch mehr Handeln führen und die Menschen von ihren wahren Zielen ablenken. Die Lösung besteht darin, die Rolle, die wir in diesem Leben einnehmen – unser **Dharma** – zu erkennen und bewusst im Einklang mit ihr zu handeln.

Menschen übernehmen viele Rollen, die von persönlichen Aufgaben bis hin zu grösseren gesellschaftlichen Verantwortungen reichen. Jede dieser Rollen ist ein Ausdruck ihrer individuellen Bestimmung und Aufgabe im Leben. Diese Bestimmung ist eng mit der Familie, der Gesellschaft und der jeweiligen Epoche verbunden, in der sie geboren sind. Dazu gehört, eine Familie zu gründen, für Angehörige und Freunde da zu sein sowie Verantwortung im Beruf, in der Gesellschaft und in der Politik zu übernehmen.

Karma Yoga lehrt, dass wir unsere Aufgaben mit Hingabe und vollem Engagement ausführen sollen, die sich aus unserer Lebensrolle ergeben, ohne an den Ergebnissen zu haften. Es bedeutet, aktiv zu handeln, dabei jedoch die Ergebnisse vollständig loszulassen und dem natürlichen Lauf der Dinge zu vertrauen Bei Erfolg sollten wir nicht übermässigen Stolz oder Euphorie zulassen, und bei Misserfolg dürfen wir keine Enttäuschung oder Bedrückung kultivieren. Auf diese Weise vereinen wir Engagement und Losgelöstheit, ohne uns in den Konsequenzen unserer Handlungen zu verlieren.

Wir haben auch eine sehr grundlegende Rolle, die oft in spirituellen Überzeugungen übersehen wird. Diese Rolle umfasst die Fürsorge für unseren Körper – ihn zu ernähren, zu schützen, mit Respekt zu behandeln und Heilungsprozesse zu unterstützen. Unsere Rolle ist es ausserdem, unsere Persönlichkeit zu entwickeln und den Menschen in unserem Umfeld zu helfen, ihr

Potenzial zu entfalten. Letztlich ist unsere Hauptaufgabe, dieses Leben in all seinen Facetten – mit seinen Herausforderungen, Konflikten und Emotionen – vollständig zu erleben.

Energiearbeit basiert auf der Annahme, dass die Fürsorge für Körper und Geist unsere essenzielle Rolle ist. Diese Rolle fordert uns heraus, innere Blockaden zu lösen und den Energiefluss zu fördern. Ob wir die Blockaden akzeptieren oder aktiv beheben, unser Ziel ist es, das Beste für Körper und Geist zu erreichen. Dabei geschieht dies nicht aus egoistischen Ängsten oder dem Bedürfnis nach Kontrolle, sondern weil es unsere grundlegende Lebensaufgabe ist.

Wenn wir Energiearbeit ausführen, weil es unsere Aufgabe ist, und dabei nicht an den Ergebnissen dieser Arbeit anhaften, ermöglicht uns das, Energiearbeit mit innerer Ruhe zu praktizieren – ohne die Gefahr, zusätzliche Blockaden zu schaffen.

Die philosophische Einladung des Karma Yoga besteht darin, die innere Motivation hinter unseren Handlungen zu erforschen. Diese Motivation sollte im Einklang mit unseren Rollen stehen und möglichst wenig von Ängsten oder dem Kontrollbedürfnis des Egos beeinflusst sein.

Den Energiefluss durch Hingabe fördern

Eine andere Methode, das Ego während der Energiearbeit in den Hintergrund zu rücken – auch wenn sie oft nicht als Energiearbeit betrachtet wird – ist die Hinwendung zu höheren Kräften, das Beten und das Bitten um Hilfe. Durch die Hingabe an eine höhere Kraft löst sich das Gefühl von Getrenntsein auf und ermöglicht es dem Praktizierenden, Kontrolle loszulassen und sich vertrauensvoll in die Hände von etwas Grösserem zu geben. Dieser egolose Bewusstseinszustand selbst fördert den Energiefluss und hilft, innere Blockaden zu lösen – unabhängig davon, wer oder was als höhere Kraft verstanden wird. Die Praktizierenden können sich Gott in all seinen Formen und Geschlechtern wenden, eine atheistische Kraft wie die Natur wählen oder das Höhere Selbst um Führung und Unterstützung bitten. Der Energiefluss wird dabei vor allem durch das Loslassen des Egos gefördert.

Das Höhere Selbst ist dabei ein Konzept, das in vielen spirituellen Traditionen und Philosophien vorkommt. Es wird als die Essenz oder das wahre Selbst beschrieben – ein Teil des Bewusstseins, der Zugang zu höheren Kräften und Wissen hat und dabei über die Begrenzungen des Egos, wie seine Ängste und Urteile, hinausgeht.

Meditation:
Sich an eine höhere Kraft wenden

Setze dich oder lege dich bequem hin. Schliesse sanft deine Augen und nimm deinen Atem wahr. Beobachte, wie sich dein Bauch mit jedem Atemzug hebt und senkt, und lass dich von diesem natürlichen Fluss leiten.

Finde in dir eine Störung oder Blockade, sei es körperlich oder emotional. Nimm dir einen Moment Zeit, um dieses Anliegen zu identifizieren und schenke ihm deine volle, ruhige Aufmerksamkeit. Spüre, wie du eine wertfreie Verbindung zu ihm aufbaust.

Atme weiterhin tief und gleichmässig. Wende dich nun an eine höhere Kraft, der du vertraust – sei es innerlich, wie dein höheres Selbst, deine inneren Lehrer oder sei es Gott, das Universum oder einfach die Kräfte der Natur. Bitte um Hilfe und Führung in diesem Prozess. Frage nach der richtigen Energie und der passenden Herangehensweise, um mit dieser Blockade zu arbeiten.

Verweile still in diesem Zustand des aufmerksamen Hinhörens, auch wenn keine Antwort auftaucht. Lass dein Vertrauen und deine Hingabe sanft wirken, sodass sich die Blockade nach und nach lösen kann. Sei dir bewusst: Schon allein dieses tiefe, ruhige Lauschen kann die Blockade auflösen – auch wenn nicht unmittelbar eine Antwort zu dir kommt.

Wenn du spürst, dass der Prozess langsam seinen Abschluss findet, nimm einige bewusste Atemzüge und lass eine tiefe, grundlose Dankbarkeit in dir aufkommen. Gib dich dieser Dankbarkeit hin und spüre, wie sie in dir fliesst und dich von innen heraus reinigt. Wenn du bereit bist, bringe deine Aufmerksamkeit sanft zurück in deinen Körper. Bewege langsam deine Zehen und Finger, und öffne allmählich die Augen.

Für Menschen mit einer atheistischen oder rein rationalen Weltsicht kann diese Meditation vielleicht eine Herausforderung darstellen. Für andere hingegen mag sie ganz intuitiv und natürlich wirken. Die Einladung dieser Meditation ist, eine tiefere Dimension zu entdecken – sei es innerlich oder äusserlich. Eine Dimension, die weiser und umfassender ist als unser alltägliches Bewusstsein und uns einen Blick über das oft eingeengte Ich hinaus ermöglicht.

Meditation: Ausserhalb des Ichs

Die folgende Meditation möchte dir noch einen Einblick geben, wie es sich anfühlen könnte, das Leben ohne das Gefühl eines festen *Ichs* zu erleben und in den Kräften der Natur eine tiefe Verbindung und Halt zu finden.

Diese Meditation sollte – vor allem die ersten Male – in der Natur praktiziert werden. Wähle einen Ort, an dem du die Kraft der Natur intensiv erleben kannst, oder einen Platz, an dem die Elemente der Natur sehr präsent sind, wie zum Beispiel in einem schönen Park. Mit der Zeit wirst du die Meditation fast überall durchführen können – selbst in alltäglichen Situationen. Zu Beginn kann die Meditation etwas länger dauern, doch mit Übung wirst du ihre Wirkung schon nach wenigen Momenten spüren.

———)(———

Stehe an einem angenehmen Ort in der Natur, an dem du dich sicher fühlst und für ein paar Minuten die Augen schliessen kannst. Schliesse sanft deine Augen und nimm wahr, wie dein Körper atmet. Spüre, wie sich dein Körper nach und nach entspannt und dein Geist zur Ruhe kommt. Atme tief ein, halte kurz inne und atme dann vollständig aus. Wiederhole dies einige male, bis du dich im Moment angekommen fühlst. Nimm die sanften Empfindungen in deinem Körper wahr.

Nun stell dir vor, dass du innerlich einen halben Schritt zurückgehst. Mit diesem kleinen, inneren Rückzug lässt du los und wirst zum stillen Beobachter. Fühle von diesem neuen Standpunkt aus weiter die subtilen Empfindungen in deinem Körper. Spüre, wie die Energie in dir ganz von selbst fliesst – ruhig und unaufhaltsam. Bleibe in der Rolle des Beobachters.

Erlaube nun den reinen Energien der Natur, in dich hineinzuströmen. Stell dir vor, wie die frische Luft, das Flüstern der Blätter, die Wärme der Sonne und die Kraft der Erde in deinen Körper fliessen. Mit jedem Atemzug

spürst du, wie diese natürliche Energie sanft und fried-
lich durch dich hindurch strömt und dich erfüllt.

Bleibe in deinem inneren Rückzug als Beobachter. Lass
diese Energie in dir wirken, ohne sie zu kontrollieren.
Erlaube dir, von ihr beeinflusst zu werden – auf eine ruhige, klare und positive Weise. Fühle, wie die Natur in
dir pulsiert und dich durchströmt. Mit jedem Atemzug
spürst du eine tiefere Verbindung zu deiner Umgebung.

Lass es eine stille, aber kraftvolle Kommunikation mit
der Natur sein. Spüre, wie sie deine Gedanken, Emotionen und dein ganzes Wesen sanft beeinflusst und er-
neuert. Bleibe einen Moment in diesem Zustand der
Verbindung, als würde die Natur dich neu ausrichten
und erfrischen.

Wenn du bereit bist, nimm ein paar tiefe Atemzüge,
kehre langsam zurück und öffne sanft deine Augen.

Sich energetisch schützen

Eine häufige Frage ist, wie sich Menschen vor sogenannten negativen Energien, die sie unabsichtlich von anderen aufnehmen, schützen können. Ähnlich wie jeder Mensch unterschiedlich auf Lärm oder Gerüche reagiert, ist auch die Empfindlichkeit gegenüber äusseren Energien sehr individuell. Das Verhalten anderer Menschen und die Ausstrahlung ihrer Präsenz können besonders empfindsame Menschen stark beeinträchtigen. Ebenso kann für manche das Leben in einer dicht besiedelten Stadt oder etwa die regelmässige Konfrontation mit Nachrichten zur Belastung werden.

Äussere Energiefelder beeinflussen stets das eigene Energiefeld, oft auf bereichernde Weise. Doch sie können auch verborgene Blockaden hervorrufen und aktivieren – Blockaden, die das eigene Energiefeld aus der Balance bringen und schwächen.

Ein ausgewogener Ansatz für energetischen Schutz ist entscheidend. Zu viel Schutz kann jedoch zu neuen inneren Blockaden führen, da er oft auf Angst und der Vermeidung bestimmter Aspekte des Lebens basiert. Stattdessen hilft es, eine gesunde Balance zu finden, die es ermöglicht, offen und empfänglich zu bleiben, ohne das eigene Energiesystem zu überlasten. Unsere Grenzen und Ängste müssen erkannt und respektiert werden.

Ein erster wichtiger Schritt zum Selbstschutz besteht darin, das eigene Energiefeld besser kennenzulernen und bewusster wahrzunehmen. So lassen sich Veränderungen schneller erkennen, ohne unmittelbar und unbewusst darauf zu reagieren. Fremde und unerwartete Empfindungen als solche wahrzunehmen, hilft, eine gesunde Distanz zu wahren. Je stabiler und ausgeglichener unser eigenes Energiefeld ist, desto weniger sind wir empfänglich für belastende Einflüsse aus der Umgebung.

Wenn wir uns in einer Situation befinden, in der wir uns schützen möchten oder wenn wir spüren, dass unsere Grenzen bereits überschritten sind, können wir eine oder mehrere der folgenden einfachen und schnell umsetzbaren Methoden anwenden, um wieder in Balance zu kommen.

- **Nach innen spüren**
  Ein kurzer Moment der Achtsamkeit kann bereits helfen, wieder in Balance zu kommen. Konzentriere dich auf deine Füsse oder den unteren Bauch, um dich zu erden.

- **Bewusst atmen**
  Einige bewusste Atemzüge können das Energiefeld stabilisieren und wieder ausrichten.

- **Wahrnehmung der Chakren**
  Lenke deine Aufmerksamkeit auf deine Chakren und atme eine entsprechende Farbe durch sie hindurch, um ihre Energie zu harmonisieren. Diese Massnahme kann auch sehr schnell durchgeführt werden. Beispielsweise ein Atemzug pro Chakra. (Mehr über die Arbeit mit Farben auf Seite 177)

- **Erste Hilfe Meditation**
  Wähle eine Meditationspraxis, mit der du vertraut bist und die du im Notfall sogar mit offenen Augen und ohne lange Vorbereitung anwenden kannst.

- **Vertrauen auf höhere Kräfte**
  Rufe den Schutz von höheren Kräften oder deinem Schutzengel auf, um dich zu stärken und zu schützen.

- **Aura aktivieren**
  Stell dir vor, dass deine Aura um dich herum aktiviert wird, um dich vor unerwünschten Energien zu

bewahren. (Weitere Informationen über die Aura findest du auf Seite 74)

- **Wasser als Neutralisierer**
Wasser kann helfen, Energien zu neutralisieren. Wasche deine Hände oder Füsse, oder gönn dir eine Dusche, um dich zu beruhigen.

- **Natürliche Wasserquellen**
Wenn du in der Nähe einer natürlichen Wasserquelle bist, verbringe einen Moment dort, um die beruhigende Wirkung des Wassers zu nutzen.

- **Ein Glas Wasser trinken**
Einfacher geht es nicht. Ein Glas Wasser zu trinken kann ebenfalls helfen, die Energie zu klären und den Körper zu erfrischen.

- **Längere Meditation**
Wenn es Zeit und Raum zulassen, widme dich einer längeren Meditation, wie z. B. dem Ausgleich deines Energiefeldes (Seite 87) oder einer gezielten Chakrenarbeit (wie zum Beispiel auf Seite 182).

Andere Menschen mit Energiearbeit unterstützen

Mit Energiearbeit können Menschen auch andere unterstützen und ihnen Heilung bringen, sei es durch Handauflegen in unmittelbarer Nähe oder auch ohne direkte Berührung.

Die Arbeit mit anderen Menschen ist ein komplexes Thema, das sich kaum in einem einzigen Buchkapitel vollständig erfassen lässt. Im Folgenden findest du Antworten auf einige grundlegende Fragen, die in dieser Praxis auftauchen können und dabei helfen, erste Einblicke in dieses Thema zu gewinnen.

Es ist ein tiefes menschliches Bedürfnis, anderen Menschen Erleichterung von Leid und Sorgen zu bringen. Auf dem Weg zu diesem Ziel folgen wir den Spuren grosser Heilerinnen und Heiler – von Heiligen, Schamanen und spirituellen Lehrern.

Wer heilt?

Um anderen durch Energiearbeit zu helfen, musst du aber weder wie Jesus noch wie Buddha sein. Stattdessen geht es darum, während der Energiearbeit einfach **niemand** zu sein. Wahre Arbeit mit anderen verlangt, dass wir unser Ego, unsere Weltsicht und jegliche persönliche Absichten loslassen, um in einen Zustand der reinen Präsenz einzutreten. Echte energetische Arbeit geschieht, wenn das Alltagsbewusstsein in den Hintergrund tritt und somit Raum da ist für Hingabe, Liebe und Mitgefühl in ihrer reinsten Form. Anders gesagt: Wer Energiearbeit praktiziert, kann andere nicht selbst heilen, sondern lediglich den Raum in sich eröffnen, in dem Heilung geschehen kann.

Bei der Arbeit mit anderen ist es wichtig, das Ego zurückzustellen. Wir sollten anderen Menschen die eigenen Wünsche, Überzeugungen und unsere Sichtweise nicht aufdrängen. Dies erfordert eine aufrichtige Selbstreflexion: Will ich helfen, weil ich das Leid der anderen Person selbst kaum ertrage? Suche ich nach Erfolg, um Kontrolle über das Leben zu finden? Oder treiben mich die Sehnsucht nach Anerkennung oder finanzielle Sicherheit an?

Um zu vermeiden, dass persönliche Wünsche oder Ängste auf andere projiziert werden, ist ein gemeinsamer Konsens essenziell. Wir können nie ganz sicher sein, was für die andere Person in diesem Moment wirklich das Beste ist, noch können wir ihre bewussten und unbewussten Motive vollständig durchschauen. Erst in einem Zustand reiner Offenheit und Präsenz können wir heilend wirken.

Fühlst du dich nach einer Energiearbeit-Session erschöpft, kann dies darauf hindeuten, dass du deine eigene Energie eingesetzt hast, anstatt die heilende Energie einfach durch dich fliessen zu lassen.

Was ist überhaupt Heilung?

Heilung bedeutet nicht unbedingt, zu einem früheren Zustand von Gesundheit zurückzukehren. Oft ist sie weniger eine Rückkehr als ein neues Aufbrechen – eine Reise hin zu einer umfassenderen, ganzheitlichen Perspektive auf das eigene Leben. Dabei entdecken wir eine Dimension in uns, in der wir immer schon vollkommen und heil sind. In diesem Sinne kann Heilung auch bedeuten, inneren Frieden zu finden, ungeachtet der äusseren Umstände oder körperlichen Gegebenheiten. Es geht darum, ein Gefühl der Vollständigkeit und des Geheiltseins zu entwickeln, das über den rein physischen Zustand hinausreicht.

Manchmal zeigt sich Heilung einfach in der Fähigkeit, das eigene Leben, seine Herausforderungen und die eigenen Wunden aus einem anderen Blickwinkel zu betrachten. Indem wir lernen, uns selbst und die Welt in einem neuen Licht zu sehen, entwickeln wir eine sanftere, verständnisvollere Haltung gegenüber uns selbst und anderen. Das Leiden verliert an Kraft, wenn wir es nicht mehr als etwas betrachten, das „weg" oder „gelöst" werden muss, sondern als Teil unserer menschlichen Erfahrung. Diese Sichtweise kann die Bedeutung des Leidens wandeln, sodass es uns nicht länger lähmt, sondern uns in unsere innere Stärke hineinführt. Heilung ist nicht das vollständige Verschwinden des Anliegens, sondern das Gefühl, dass das zugrunde liegende Leiden gemildert und bewältigbar wird.

Hast du die Fähigkeit, andere zu heilen?

In der Arbeit mit anderen Menschen tragen wir eine besondere Verantwortung und benötigen eine grössere Weisheit. Wir lernen, wie wir Empathie entwickeln und echtes Vertrauen aufbauen. Achtsamkeit ermöglicht es uns, bei Menschen auch zwischen den Zeilen zu lesen und ein tieferes Verständnis für ihre Bedürfnisse zu entwickeln. Gleichzeitig ist es jedoch wichtig, unsere eigenen Grenzen zu erkennen und uns von Bereichen fernzuhalten, in denen uns das nötige Wissen fehlt.

Ohne eine fundierte Ausbildung in Medizin oder Psychologie sollten wir uns nicht in die Rolle eines Arztes oder Therapeuten begeben.

Klar, das energetische Gespür für andere Menschen ist nicht für alle gleich zugänglich. Dennoch ist die Arbeit mit anderen Menschen für jeden möglich. Hier kommen alle Werkzeuge zum Einsatz, die wir bisher in diesem Buch kennengelernt und angewendet haben. Besonders wichtig ist es, im Kopf zu behalten, dass es nicht entscheidend ist, ob wir das Energiefeld anderer Menschen tatsächlich wahrnehmen können. Ähnlich wie bei der Arbeit mit unserem eigenen Energiekörper ist hier die Vorstellung und Visualisierung genauso wichtig wie das tatsächliche Spüren. Letztlich ist es der Bewusstseinszustand, in dem wir uns befinden, der heilt – nicht das blosse Wahrnehmen des Energiefeldes oder das energetische Handeln. Lass dich in diesem heilenden Bewusstseinszustand nieder – einem Zustand, der von selbstloser Liebe und tiefer Hingabe getragen wird.

Die Hände als Werkzeug

Die Hände spielen in der Verbindung mit anderen Menschen eine zentrale Rolle. Wenn wir jemanden treffen, reichen wir ihm die Hand oder umarmen ihn, um Nähe zu schaffen. Über unsere Hände können wir den Anderen unmittelbar wahrnehmen und subtile Botschaften übermitteln. Während einer Energiearbeitssitzung verkörpern die Hände unsere Präsenz und geben dem Gegenüber Sicherheit, selbst bei geschlossenen Augen. Sie dienen als Anker, der die Aufmerksamkeit auf bestimmte Körperbereiche lenkt und sowohl uns als auch das Gegenüber auf subtile Weise mit dem Prozess verbindet.

Die Arme können energetisch als Verlängerung des Herzchakras betrachtet werden, wobei die Hände Tore zu den energetischen Feldern anderer Menschen bilden. Die Hände werden als Energiezentren gesehen und spielen eine wichtige Rolle im energetischen Ausgleich. Die linke Hand, die mit der rechten Gehirnhälfte korrespondiert, steht für Intuition und das Empfangen von Informationen. Sie empfängt Energien und kann überschüssige Energie lösen. Die rechte Hand hingegen fördert aktiv den Energiefluss und bringt Energie in Bewegung.

Meditation: Die Energie in den Händen spüren

Setze dich für eine kurze Meditation bequem hin. Nimm dir Zeit, anzukommen, und werde dir deiner Körperempfindungen bewusst. Achte auch auf deinen Atem.

Bringe nun die Handflächen zueinander und reibe sie sanft aneinander, um die Energie in den Händen zu wecken. Entferne die Hände dann etwa eine halbe Armlänge voneinander und bringe sie wieder ganz langsam und behutsam näher zueinander. Spüre das Energiefeld zwischen deinen Händen. Du kannst es dir als Lichtkugel vorstellen, die bei kleineren Abständen intensiver leuchtet und an Festigkeit gewinnt, während sie bei grösseren Abständen an Leuchtkraft und Dichte verliert.

Bewege die Hände in einem sanften Rhythmus aufeinander zu und voneinander weg, bis du dich mit dem Gefühl dieses Energiefeldes vertraut gemacht hast.

Bevor du die Augen wieder öffnest, halte eine Hand vor dein Gesicht und spüre das Energiefeld auf der Haut deines Gesichts. Wenn du bereit bist, öffne die Augen.

Ablauf einer Energiebehandlung

Energiearbeit kann in Form einer Sitzung stattfinden, selbst mit Menschen, die du vielleicht noch nicht kennst. Ein Beispiel für den Ablauf einer solchen Sitzung findest du im Folgenden.

Behandlungsbeispiel

Vertrauen und Klarheit aufbauen: Baue eine Verbindung zu der Person auf, die behandelt werden möchte. Nimm dir Zeit, einander kennenzulernen. Kläre ab, ob die Person ein spezifisches Anliegen hat, und schaffe ein gemeinsames Verständnis für die Behandlung. Erkläre den Ablauf der Behandlung, damit die Person weiss, was auf sie zukommt, und beschreibe auch, was sie während der Sitzung tun soll (nichts).

Sorge dafür, dass sich die Person entspannt hinlegen oder eine für sie angenehme Position einnehmen kann – idealerweise auf dem Rücken. Achte darauf, dass sie sich sicher fühlt und die Raumtemperatur angenehm ist. Eine Decke sorgt oft für eine angenehme Atmosphäre und stört den Energiefluss kaum. Auch für dich sollte die Sitzposition bequem sein, damit du die Person mit deinen Händen entspannt erreichen kannst.

Die Behandlung: Nimm dir Zeit, um selbst anzukommen, und unterstütze auch die zu behandelnde Person dabei, sich zu entspannen. Werde dir deines Atems bewusst und nimm auch den Atem des Anderen wahr. Spüre dein eigenes Energiefeld.

Um den ersten Kontakt herzustellen, platziere deine rechte Hand auf dem unteren Bauch der zu behandelnden Person. In diesem Bereich ist der energetische Kontakt leicht herzustellen und die Berührung unterstützt das gegenseitige Vertrauen. Stell dir deine Hand wie ein Stethoskop vor, das den Energiefluss des Anderen wahrnimmt. Spüre oder stell dir vor, wie eine ruhige Energie fliesst, und verweile dort einige Minuten. Bleibe dabei mit deinem Gegenüber verbunden und achte auf Veränderungen in der Atmung oder Körperspannung. Falls du spürst, dass die Energie blockiert ist und nicht fliesst, kannst du bewusst noch mehr Energie liebevoll fliessen lassen oder die Blockade ruhig zulassen und dabei deine Aufmerksamkeit darauf richten, bis du eine Veränderung merkst. Wenn du Impulse verspürst, deine Hände woanders zu platzieren, vertraue auf diese intuitiven Eingebungen und folge ihnen.

Falls du den Mittelkanal entlang der Chakren arbeitest, beachte Folgendes:

- **Wurzelchakra**
  Ein direkter physischer Kontakt ist hier nicht möglich. Stattdessen kannst du die Hände an den Füssen oder Beinen deines Gegenübers platzieren und von dort aus arbeiten. Eine Berührung an den Füssen oder den Beinen schafft Stabilität, Ausgleich und Erdung.

- **Sakral- und Solarplexuschakra**
  Diese Chakren sind gut zugänglich und beruhigen sich durch sanfte Berührung. Kehre oft zu diesen Bereichen zurück, wenn du merkst, dass eine Verankerung oder ein einfaches Dasein gebraucht wird.

- **Herzchakra**
  Wenn du deine Hand auf das Herz legst, achte besonders bei Frauen darauf, die Intimsphäre zu wahren. Auch Schultern und Arme bieten gute Berührungspunkte, da sie das Herzchakra erweitern, was besonders hilfreich ist, wenn ein Links-Rechts-Ausgleich nötig ist. Das Herzchakra lädt ein, die eigene

Herzenergie wahrzunehmen und Liebe frei fliessen zu lassen.

- **Halschakra**
Um ein unangenehmes Gefühl von Druck zu vermeiden, schiebe deine Hand lieber unter den Nacken. Achte dabei auf Haare und Schmuck, die im Weg sein könnten, oder schiebe die Hand unter das Kissen.

- **Stirnchakra**
Das dritte Auge ist empfindlich und benötigt nur eine sanfte Berührung mit dem Finger. Später kannst du die Hand darüber schweben lassen. Dieser Bereich verbirgt eine tiefe Intelligenz – verweile mit Respekt und vertraue darauf, dass dieses Chakra genau weiss, was es braucht.

- **Kronenchakra**
Auch hier ist eine respektvolle Distanz wichtig. Halte deine Hand einige Zentimeter vom Scheitelpunkt entfernt und lass den Heilungsprozess sich natürlich entfalten.

Grundsätzlich lassen sich alle Chakren auch ohne direkten Kontakt ansprechen. Variiere den Abstand deiner Hände zu den Chakren, um unterschiedliche energetische Reaktionen wahrzunehmen. Dennoch kann physischer Kontakt die Behandlung unterstützen und dem Gegenüber Nähe und Sicherheit vermitteln.

Abschluss: Setze einen klaren Zeitrahmen für die Behandlung und halte ihn ein. Kurz bevor die Zeit endet, bereite dich auf den Abschluss vor und gib dem Heilungsprozess Raum, sich zu vollenden. Lade die Person ein, sanft ihre Zehen und Finger zu bewegen und sich zu erden, bevor sie in Ruhe die Augen öffnet. Nimm dir selbst einen Moment, um dich zu erden und wieder bei deiner eigenen Energie und Körperwahrnehmung anzukommen. Wasche deine Hände unter fliessendem Wasser, um die Energie der Behandlung abzuschliessen und nicht mit dir weiterzutragen.

Verarbeitung: Führe ein Gespräch, um deinem Gegenüber zu helfen, seine Erfahrungen zu reflektieren und auf eine bewusstere Ebene zu bringen. Lade sie oder ihn dazu ein, das Erlebte auch später mit etwas Abstand zu betrachten und den Wert der Erfahrungen für sich zu analysieren.

Teil 4
Tiefe Reise in die Welt der Chakren

Die Chakren

Die Chakren, die die Hauptkreuzungen der Energiekanäle im menschlichen Körper symbolisieren, wecken
seit Tausenden von Jahren die menschliche Faszination
und laden dazu ein, die innere Welt des Menschen und
ihre verborgenen Potenziale tiefgründig zu erforschen.

Das Konzept von Kreuzungen der Energiekanäle,
die in der alten indischen Sprache Sanskrit als Chakren
(wörtlich: Rad) bezeichnet werden, war Teil vieler alter Traditionen. Einige dieser Traditionen haben sich
gegenseitig beeinflusst, andere sind unabhängig voneinander entstanden. Im Laufe der Zeit wurden diese
Konzepte oft weiterentwickelt und verändert, was zu einer Vielzahl unterschiedlicher Interpretationen geführt
hat. Dies kann widersprüchlich erscheinen, insbesondere wenn wir ausser Acht lassen, dass es sich bei Chakren in erster Linie – wie bereits erwähnt – um Symbole
oder Modelle handelt. Modelle, die dazu dienen, tiefere
menschliche Dimensionen und Bewusstseinszustände

greifbar zu machen, damit wir sie erforschen, mit ihnen arbeiten, uns weiterentwickeln und Heilung erfahren können. Wie alle energetischen Werkzeuge, die in diesem Buch vorgestellt werden, ist das Chakra-Modell auf keinen Fall eine Beschreibung innerer mystischer Dimensionen. Sie fungieren vielmehr als metaphorische Zugänge, die den Weg zu tieferen Ebenen des Seins öffnen und ein umfassenderes Verständnis ermöglichen.

Chakren sind Metaphern, die uns einen Einblick in die innere energetische Welt eröffnen – einer Welt, die den materiellen Körper durchdringt, jedoch selbst nicht materiell ist und keine physische Existenz besitzt. Als Praktizierende sollten wir darauf achten, diese Modelle nicht zu materialisieren. In diesem Sinne existieren Chakren nicht in einer greifbaren Form, sondern erst, wenn wir sie nutzen. Sie sind wie andere Konzepte und Ideen, die keine feste materielle Substanz haben, aber dennoch die materielle Welt auf unzählige Weise beeinflussen können.

Manche Menschen warten darauf, dass die Wissenschaft Beweise für die Existenz der Chakren liefert, bevor sie bereit sind, an sie zu glauben. Dabei übersehen sie, dass Chakren als Ideen und Metaphern per Definition weder nachweisbar noch auffindbar sind – und dennoch wirken sie durch ihre Symbolkraft tief in unser Leben hinein und werden wahrnehmbar und erlebbar.

Die Chakren sind zwar keine physischen körperlichen Organe, die von Wissenschaftlern noch nicht entdeckt worden sind, aber sie unterstützen Menschen dabei, ihre eigene innere Tiefe zu erforschen und zu entdecken, sie zu fühlen und zu erleben.

Östliche und westliche Interpretationen

In den hinduistischen Schriften, die über einen Zeitraum von mehreren tausend Jahren entstanden sein sollen, werden verschiedene Chakrensysteme erwähnt. Eine etwa 500 Jahre alte Schrift, das *Shat Chakra Nirupana* (Erklärung der sechs Chakren) von *Pūrānanda Yati,* beschreibt ein System, das sich seit dem 15. Jahrhundert als einflussreiches Modell etabliert hat.

Eine wesentliche Veränderung im Verständnis der Chakren ergab sich, als dieser Text Anfang des 20. Jahrhunderts ins Englische übersetzt wurde. Damit fanden die Chakren ihren Weg in die westliche Welt, wurden dort zugänglicher, jedoch auch stark in ihrer ursprünglichen Anwendung verändert.

In der traditionellen indischen Auffassung dienen die Chakren als meditative Brennpunkte, die bestimmten Körperbereichen zugeordnet sind. Praktizierende Yogis konzentrieren sich auf einen spezifischen Bereich, visualisieren zugehörige Symbole und Gottheiten und nutzen diese Praxis als Zugang zur Meditation.

Im Westen entwickelte sich in den letzten 100 Jahren eine andere Interpretation der Chakren. Hier wurden den Chakren zusätzliche Eigenschaften zugeschrieben, die über die ursprüngliche Zuordnung hinausgehen. Neben der Verbindung zu spezifischen Körperbereichen ordnet die westliche Sichtweise den Chakren auch Regenbogenfarben, psychologische Eigenschaften, emotionale Zustände, und viele andere Lebensbereiche zu.

Ein Beispiel dafür ist das Wurzelchakra. In der traditionellen hinduistischen Ansicht wird der Bereich des Beckenbodens als Fokuspunkt für Meditation genutzt, wobei das Element Erde, sein zugehöriges Mantra und bestimmte Symbole visualisiert werden. Die westliche Interpretation hingegen beschreibt den Beckenboden als Energiequelle von zusätzlichen Lebensbereichen wie Überlebensinstinkten, Sexualität, körperlicher Gesundheit, materiellem Wohlstand und mehr. Das Stärken des Wurzelchakras soll gemäss dieser Sichtweise all diese Lebensbereiche fördern und ins Gleichgewicht bringen.

Während die hinduistische Tradition die Chakren vor allem als meditative Werkzeuge versteht, die eine tiefere Verbindung zum eigenen Inneren ermöglichen, sieht die westliche Interpretation sie zunehmend als ganzheitliche Modelle für persönliches Wachstum und Lebensbalance.

Die hinduistische Tradition hält das Konzept der Chakren bewusst schlank: Sie beschreibt Zugangspunkte im Körper, die durch die Visualisierung bestimmter Symbole zu einem meditativen Zustand führen können. Die westliche Interpretation hingegen ist wesentlich umfassender geworden und kann sich als kompliziert erweisen, da sie sich oft in zahllosen Details verliert. Zu jedem Chakra könnten ganze Bücher geschrieben werden, und die Vielzahl an Interpretationen hat zu unzähligen neuen Theorien und Werken geführt. Diese Fülle an Informationen führt häufig zu Verwirrung und Unsicherheit. Praktizierende verlieren oft die Fähigkeit, zwischen richtig und falsch zu unterscheiden, und können die Ursprünge dieser Informationen nicht mehr nachvollziehen.

Obwohl die zahlreichen Interpretationen interessante Denkanstösse und hilfreiche Impulse bieten können, soll in diesem Kapitel versucht werden, die westliche Interpretation auf ihre Wurzeln zurückzuführen und sie zu vereinfachen. Ziel ist es, dir als Leser Werkzeuge an die Hand zu geben, um deine eigene Sichtweise und Interpretation zu entwickeln.

Ganzheitliches Modell für die Persönlichkeit

Das Chakrensystem – insbesondere in seiner westlichen Interpretation – kann als Modell für die Persönlichkeit betrachtet werden. Es besteht klassisch aus sieben Ebenen, in die alle Aspekte des Lebens eingeordnet werden können. Diese Struktur ermöglicht eine Reflexion und Analyse verschiedener Lebensthemen, beleuchtet mögliche Konflikte zwischen inneren Impulsen und schafft Ordnung sowie Raum, um mit ihnen zu arbeiten.

Gleichzeitig bleibt das Modell eng mit den entsprechenden Körperbereichen verbunden, wodurch die Arbeit eine somatische Dimension erhält. Dies lenkt die Praktizierenden von gedanklichen Mustern weg und führt sie in den meditativen, oft unterbewussten Raum des Körpers.

Das Chakrenmodell kann als ein ganzheitliches System betrachtet werden, da es alle Facetten des menschlichen Seins einbezieht – Körper und Geist, Emotionen und Verstand, Materielles und Spirituelles sowie die Beziehung zu anderen und zu sich selbst. Es bringt Klarheit und fördert persönliche Transformation, indem es hilft, Blockaden zu erkennen, die sich als innere Hindernisse, stagnierende Prozesse oder unbewusste Muster zeigen können. Diese Blockaden können emotionaler, mentaler oder körperlicher Natur sein und die persönliche Entwicklung beeinträchtigen. Durch die Arbeit mit dem Chakrenmodell werden diese Hindernisse erkennbar, und innere Konflikte – auch solche, die sich nur in der äusseren Welt manifestieren – können nach und nach aufgelöst werden.

Die Zuordnung von Lebensthemen zu den Ebenen – die Chakren – basiert auf verschiedenen Aspekten, darunter die biologischen und kulturellen Eigenschaften der jeweiligen Körperbereiche. So wird beispielsweise dem Halschakra das Thema Kommunikation zugeordnet, da das Sprechen biologisch in diesem Bereich stattfindet. Dem Herzchakra hingegen wird die Liebe zugeschrieben, da das Herz kulturell als Sitz der Liebe betrachtet wird. Ein weiterer Aspekt, der in Betracht gezogen wird, ist die Zuordnung der fünf grundlegenden Elemente, wie sie im Hinduismus in den letzten 500 Jahren etabliert wurden: Erde, Wasser, Feuer, Luft und Äther (Äther kann hier als Raum verstanden werden). Diese Elemente werden in Kürze näher erläutert.

Zusätzlich wurden den Chakren in der westlichen Interpretation Farben zugeordnet – die Regenbogenfarben, die im Westen oft Harmonie und Ordnung symbolisieren. Im Hinduismus spielen diese Farben jedoch keine Rolle. Stattdessen wurden dort die Farben den Elementen zugeordnet, wie beispielsweise Rauchfarbe für das Herzchakra, was allerdings für den westlichen Geist weniger greifbar ist. Die Farben dienen als starke visuelle Symbole und helfen dabei, mit den Chakren auf eine einfache Weise zu arbeiten.

Diese Aspekte bilden die Grundbausteine des siebenstufigen Chakrenmodells. Von hier aus eröffnet sich ein Raum für individuelle Interpretationen, die auf persönlichen Einstellungen, spirituellen Sichtweisen, Zielen und Charaktereigenschaften basieren können. Im Buch wird auch ein achtes Chakra vorgestellt. Die Arbeit mit diesem Chakra erweitert die Wahrnehmung innerer Empfindungen und ermöglicht es, von innen heraus zu spüren, was auch ausserhalb des Körpers liegt. So öffnet sich eine Tür zu höheren Dimensionen des Bewusstseins.

Die Fünf-Elemente-Lehre

Viele alte Traditionen teilten das Universum in grundlegende Bausteine oder essenzielle Elemente auf, um besser zu verstehen, wie alles entsteht und miteinander verbunden ist. Diese Elemente gelten als Grundlage für die unzähligen Erscheinungsformen des Universums. Ähnlich wie bei den unterschiedlichen Chakrensystemen existieren auch hier zahlreiche Versionen und Interpretationen. Die Deutung, die sich im Hinduismus in den letzten Jahrhunderten verbreitet hat, beeinflusst auch das moderne Chakrensystem und die fünf Elemente – Erde, Wasser, Feuer, Luft und Äther – spielen dabei eine zentrale Rolle im Aufbau des Chakrenmodells. Die fünf Elemente sind nicht als Materie zu verstehen, sondern vielmehr als Kräfte, die das Spiel der Welt in Gang setzen. Erde, Wasser, Feuer, Luft und Äther dienen dabei als Symbole für diese Energien. Ihre Eigenschaften und Wechselwirkungen orientieren sich an den Phänomenen, die wir in der Natur beobachten – von der Festigkeit der Erde bis zur Weite des Äthers. Die Elemente, die das gesamte Universum gestalten, spiegeln sich auch im menschlichen Körper und in der Persönlichkeit wider. Sie symbolisieren die vielfältigen Facetten des Lebens und bilden eine essenzielle Grundlage für das Chakrenmodell. Ein tieferes Verständnis und ein Gespür für die Lehre der Elemente können uns helfen, die Bedeutung und Funktion des Chakrenmodells klarer zu erfassen – und ermöglichen es, eigenständig damit zu arbeiten, ohne auf umfangreiche und widersprüchliche Anleitungen und Bücher angewiesen zu sein.

Erde – Festigkeit

Das Element Erde repräsentiert die materielle Grundlage der Existenz und symbolisiert sowohl die unbelebte Materie als auch die strukturelle Organisation der Gesellschaft. Mit ihren Qualitäten, der Festigkeit und der Schwerkraft, verkörpert sie Stabilität und Beständigkeit. Sie stellt den Rahmen bereit, in dem sich die dynamischen Prozesse der anderen Elemente entfalten können.

Für die menschliche Erfahrung ist die Erde ein Symbol des Körpers und der Substanzen, die ihn formen und erhalten. Ihre Präsenz kann Empfindungen wie Härte, Schwere oder Enge hervorrufen, während sie gleichzeitig Sicherheit, Erdung und unterstützende Struktur bietet.

Wasser – Flüssigkeit

Das Element Wasser steht für Fluss und Liquidität. Es fördert Mobilität, Austausch, Anpassungsfähigkeit, Stoffwechsel und dynamische Verbindung. Das Wasser folgt der Schwerkraft, fliesst nach unten und passt sich stets den Formen der Erde an. Das Element Wasser symbolisiert auch den Fluss zwischenmenschlicher Energien und fördert soziale Verbindungen. Es manifestiert sich in Emotionen und Gefühle, darunter auch grundlegende Regungen wie die Angst ums Überleben. Diese emotionale Kraft mobilisiert Menschen auf einer tiefen, instinktiven Ebene, treibt sie zu Handlungen an und unterstützt sie gleichzeitig dabei, mit anderen Verbindungen zu knüpfen und soziale Netzwerke aufzubauen.

Feuer – Macht

Das Element Feuer steht für warme, aktive Energie, Handlung und Transformation. Es nährt sich von den anderen Elementen, verändert dabei deren Form und Konsistenz: Die härtesten Gesteine der Erde kann es schmelzen, Wasser in Dampf verwandeln und seine Wärme bringt die Luft in Bewegung. Gleichzeitig kann Feuer durch ein Übermass an Erde, Wasser oder Luft gelöscht werden.

In der Natur entspricht Feuer der physischen Energie, wie sie in den Naturwissenschaften beschrieben wird. Auf einer symbolischen Ebene verkörpert es jedoch die Kraft der psychischen Energie, die sich in Entschlossenheit, Willensstärke und dem inneren Antrieb zeigt, zu wachsen und sich auszudrücken. Feuer ist die treibende Kraft des menschlichen Egos, das Motivation, Leidenschaft und Handlungsbereitschaft entzündet. Es inspiriert uns, Grenzen zu überwinden, Neues zu schaffen und mit innerer Kraft die Welt zu gestalten

Luft – ungebundene Bewegung

Das Element Luft verkörpert Leichtigkeit, Beweglichkeit und Freiheit. Ihre Bewegung ist unberechenbar, anders als das geordnete Fliessen des Wassers. Sie zeigt sich in den wirbelnden Tänzen der Herbstblätter, die über Strassen fegen, gegen Wände fliegen und sich scheinbar chaotisch verteilen. Dieses Element wird in der Natur durch Temperaturunterschiede bewegt, die vom Element Feuer erzeugt werden. Diese Bewegungen treiben die Wasserströme in Meeren und Ozeanen an, erzeugen Stürme und Turbulenzen. Gleichzeitig nährt Luft das Feuer, denn ohne sie erlischt es.

In der menschlichen Erfahrung repräsentiert die Luft die geistige Beweglichkeit und den ständigen Strom von Gedanken und Ideen. Die geistigen Prozesse sind oft wie die Luft selbst: transparent und darum unbewusst und doch tiefgreifend wirksam, indem sie Emotionen und Gefühle beeinflussen. Zugleich bietet Luft die Möglichkeit, Momente der Ruhe, Leichtigkeit und Freiheit zu erleben. In solchen Augenblicken hilft sie, den Horizont zu erweitern, neue Perspektiven einzunehmen und innere Klarheit zu finden.

Äther – Raum ohne Grenzen

Äther steht für den unendlichen Raum, der alles umfasst und alles miteinander verbindet. Dieser Raum ist nicht nur der leere Abstand zwischen Dingen, sondern vielmehr das Feld, in dem jedes Geschehen stattfindet. Als vollkommen immaterielles Element repräsentiert er spirituelles Bewusstsein, das Gefühl des Einsseins und der Einheit mit allem. Der Äther ist die Bühne, auf der die anderen Elemente wirken, und bleibt dabei selbst unberührt. Er schafft den Raum für alle Aspekte des Lebens und bietet die Weite, in der Veränderung und Verbindung stattfinden können.

Ein Atom besteht aus einem Kern und Elektronen, die diesen umkreisen, und ist zu etwa **99,9%** aus Raum aufgebaut. Das bedeutet, dass selbst die härtesten Objekte in Wirklichkeit grösstenteils aus leerem Raum bestehen, mit nur einem winzigen Bruchteil tatsächlicher Materie.

Die fünf Elemente, zusammen mit den funktionalen Aspekten der jeweiligen Positionen der Chakren im Körper und den Einflüssen kultureller sowie spiritueller Perspektiven, formen die Eigenschaften der Chakren, wie wir sie heute kennen.

Die Chakren

Als Modell, um die Facetten der Persönlichkeit zu reflektieren und energetisches Wachstum zu fördern, lassen sich die Chakren als Gefässe oder Silos verstehen, in die sich verschiedene Aspekte des Lebens aufteilen lassen. Jedes Chakra repräsentiert ein spezifisches Thema, was es erleichtert, persönliche Anliegen den entsprechenden Bereichen zuzuordnen und gezielt damit zu arbeiten. Anliegen, die Menschen belasten oder nach Befreiung suchen lassen, sind jedoch oft vielschichtig und komplex. Häufig spielen mehrere Chakren in einem Anliegen zusammen.

Der Prozess, zu erkennen, welche Chakren in einem bestimmten Thema involviert sind, welche blockiert oder überaktiv sind, ist bereits ein bedeutender Schritt in Richtung der Lösung des Anliegens. Das Chakrenmodell dient dazu, diesen Prozess zu vereinfachen und Klarheit in die Komplexität zu bringen. Dabei sollten Praktizierende jedoch darauf achten, Themen nicht zu stark zu vereinfachen oder flach oder einseitig darzustellen.

In der folgenden Übersicht kannst du die zentralen Merkmale jedes Chakras erkunden. Das Ziel dieser Übersicht ist es nicht, dir einfach nur Informationen zur Verfügung zu stellen, die auswendig gelernt werden können, sondern vielmehr das Konzept zu verdeutlichen. So kannst du anschliessend leichter einschätzen, welche Begriffe oder Anliegen mit welchem Chakra in Verbindung stehen. Vergiss jedoch nicht, dass die Chakren im Laufe der Zeit unterschiedlich interpretiert wurden und auch heute eine Quelle vielfältiger Ideen und Deutungen sind. Grundsätzlich bist du auch frei, deine eigene Logik und Interpretation zu entwickeln.

Schliesslich sind sie dein persönliches Werkzeug.

Das erste Chakra – das Fundament

wird oft als Diskus mit einer Öffnung nach unten zur Erde beschrieben. Es symbolisiert die Verbindung zur Erde und steht in Resonanz mit dem Element Erde.

Dieses Chakra repräsentiert die Grundlage des Lebens, einschliesslich des Körpers in seiner Struktur und seinen Baumaterialien. Es umfasst die körperliche Stabilität, Themen der Ernährung sowie die Ressourcen, die zur Erhaltung und Stärkung des Körpers beitragen. Auch die materiellen Aspekte des menschlichen Lebens – wie körperliche Gesundheit, Unterkunft, finanzielle Sicherheit und Nahrung – finden hier ihre Verankerung. Das erste Chakra spiegelt sich auch in abstrakten Aspekten wider, wie etwa in sozialen Strukturen, die Stabilität und Sicherheit vermitteln.

Das zweite Chakra – Emotionen

Das zweite Chakra befindet sich in der Mitte der unteren Bauchhälfte, zwischen Nabel und Schambein. Es ist eng mit dem Element Wasser verbunden, das sowohl die Flüssigkeit im Körper und in der Natur als auch den Fluss und den Austausch von Energie symbolisiert. In der menschlichen Erfahrung zeigt sich das Element Wasser in den Emotionen, die in diesem Bereich des

Körpers verankert sind. Dieser Bereich umfasst auch die Gebärmutter und den Nabel, durch die wir als Neugeborene unmittelbar mit unserem Ursprung verbunden waren und unsere ersten prägenden Erfahrungen gemacht haben.

Als Säuglinge sind wir vollständig auf die Fürsorge anderer angewiesen, um ernährt und geschützt zu werden. Die tiefe Angst eines Säuglings, allein zu sein, legt den Grundstein für das menschliche Bedürfnis nach Beziehungen, emotionalem Austausch und der Sicherheit, die diese Verbindungen bieten. Gleichzeitig spiegelt sich darin der instinktive Drang der Erwachsenen wider, den Säugling zu schützen und ihm Geborgenheit zu schenken.

Dieses Bedürfnis nach Verbindung und Schutz bleibt auch im Erwachsenenalter erhalten. Es zeigt sich in unserem Bestreben, Zusammenhalt innerhalb von Familien, Gemeinschaften und sogar in grösseren sozialen Strukturen wie modernen Nationen aufrechtzuerhalten.

Das dritte Chakra – Macht

Das dritte Chakra befindet sich in der Mitte der oberen Bauchhälfte, zwischen Nabel und Brustbein. Es ist eng mit dem Element Feuer verbunden und symbolisiert die dynamische Energie des Handelns und der

Transformation. Dieses Feuer spiegelt sich auch in der biologischen Funktion dieses Bereichs wider: der Verdauung, die Nährstoffe aus der Umgebung aufnimmt und in die essenziellen Bausteine für Körper und Geist umwandelt.

Das Feuer des dritten Chakras bringt Klarheit in logische Denkprozesse und stärkt die Fähigkeit, bewusste Entscheidungen zu treffen. Es unterstützt Mut, Selbstbestimmung und den Willen, das eigene Leben aktiv zu gestalten. Die Energie dieses Chakras zeigt sich besonders in der Ausübung von Macht – sowohl in der Schaffung eines selbstbestimmten Lebens als auch durch die Entfaltung von Willenskraft.

Mit der Fähigkeit, Macht einzusetzen, entsteht auch die Versuchung, sie auf andere auszudehnen. Diese Dynamik kann die Identifizierung mit dem Ego verstärken. Was wiederum intensive Emotionen, wie Euphorie, Frustration oder Wut hervorrufen kann. Gleichzeitig kann das Verlangen nach mehr Kontrolle und Einfluss Antrieb verleihen, aber auch negative Züge wie Gier oder Manipulation wecken. Das dritte Chakra ist somit nicht nur der Sitz des Egos, sondern auch eine Quelle feuriger Emotionen und kraftvoller Antriebe.

Das vierte Chakra – Harmonie

Das vierte Chakra befindet sich auf Herzhöhe, in

der Mitte des Körpers, und symbolisiert den Treffpunkt zwischen der materiellen Energie der Erde und den höheren, spirituellen Aspekten des Daseins – der Energie des Himmels. Es schafft Harmonie, indem es die Überlebensenergie und das Gefühl von Mangel, die in den drei unteren Chakren verankert sind, mit der Energie von Vertrauen und Fülle der oberen Chakren verbindet.

Dieses Chakra ist dem Element Luft zugeordnet, das Bewegung, Wandel und auch Instabilität symbolisiert. Die innere Dynamik, die das Luftelement mit sich bringt, spiegelt sich besonders in der ständigen Aktivität des Geistes wider – in unaufhörlichen Gedanken, die sich oft obsessiv in endlosen Schleifen bewegen. Diese Gedankenspiralen und die Identifikation mit ihnen können die wahre Essenz, die das Herz symbolisiert, überlagern wie Wolken, die den Himmel verdecken. Doch wenn sich diese Wolken lichten, entsteht Raum für Klarheit, und eine neue Weite wird erfahrbar – eine Weite, die eine tiefe, allgegenwärtige, bedingungslose und grenzenlose Liebe im Herzen offenbart.

Das Herz, das seit Jahrhunderten als Sitz der Liebe gilt, wird durch das vierte Chakra manifestiert und fördert ganzheitliche Heilung – sowohl für den Einzelnen als auch für die Gemeinschaft. Dieses Chakra steht für Altruismus und das Streben nach einer harmonischen Verbindung mit allen Lebewesen. Gleichzeitig lädt es dazu ein, die eigenen Verletzungen mit Mitgefühl zu betrachten, und öffnet einen Raum, in dem Vergebung und emotionale Heilung möglich werden. Es ist der Schlüssel zu einem Leben in Harmonie, das Geben und Empfangen in Balance hält.

Das fünfte Chakra – Kommunikation

Das fünfte Chakra befindet sich im Bereich des Nackens und ist mit dem Element Äther – dem Raum – verbunden. Es steht für Qualitäten, die noch abstrakter sind als die darunterliegenden Chakren: die Erfahrung von Weite, Offenheit und Unendlichkeit. Der freigesetzte Raum – sowohl zwischen als auch innerhalb der Objekte – macht Kommunikation unerlässlich, um Verbindungen zu schaffen, sei es zwischen Objekten, zwischen Menschen oder innerhalb des eigenen Selbst.

Im Körper manifestiert sich diese Kommunikation durch den Hals, wo sie in verbaler Form Ausdruck findet. Der schmale und empfindliche Hals ist dabei ein zentraler Punkt, der sowohl zwischenmenschliche Interaktion fördern als auch blockieren kann.

Darüber hinaus spielt das fünfte Chakra eine Schlüsselrolle in der inneren Kommunikation: Es verbindet die intuitive Weisheit des Bauchgefühls mit der rationalen Klarheit des Verstandes und schafft so eine Brücke zwischen Intuition und Logik.

Das sechste Chakra – Weisheit

Das sechste Chakra – das sogenannte Dritte Auge – fasziniert seit Jahrhunderten als Tor zu mystischen Erfahrungen und tiefer Weisheit. Es befindet sich in der Mitte der Stirn oder etwas tiefer, hinter der Stirn im Kopfraum. Als symbolischer Sitz des Gehirns repräsentiert dieses Chakra höheres philosophisches Denken, spirituelle Klarheit und intuitives Wissen.

Traditionell wird ihm kein spezifisches Element zugeordnet, doch Luft und Äther finden hier ihren Widerhall, da dieses Chakra sich mit abstrakten, weitläufigen Konzepten befasst, die Raum für grenzenlose Wahrnehmung und tiefes Verständnis eröffnen.

Das sechste Chakra gilt auch als der Sitz der Meditation und Erleuchtung. Hier wird das Dasein wahrgenommen, und der innere Zeuge – jene immer präsente, unberührte Essenz in uns – tritt in den Vordergrund.

Tauchen Praktizierende tief in das Reich des sechsten Chakras ein, erleben sie die Welt als Fluss reiner Energie – einen Übergang von der Wahrnehmung des Getrenntseins hin zur Erfahrung des Einsseins.

Das siebte Chakra – Licht

Das siebte Chakra, auch als Kronenchakra bekannt, befindet sich an der Spitze des Kopfes, im Scheitelpunkt. Es ist die energetische Ebene, auf der sich die

Energien der anderen Chakren sammeln und verteilen. Dieses Chakra wird oft als Tor zur himmlischen Energie beschrieben – ein Zugangspunkt zu universellen, reinen und neutralen Energien.

Ähnlich wie elektrischer Strom, der neutral ist, bis er in ein bestimmtes Gerät fliesst und dessen Funktion übernimmt, bleibt die Energie des Kronenchakras rein, bis sie durch die anderen Chakren fliesst. Dort nimmt sie die spezifischen Eigenschaften und Aufgaben der jeweiligen Chakren an, unterstützt ihre Funktionen und verleiht ihnen Kraft. Aus der Perspektive der Energie des siebten Chakras, die keine Qualitäten besitzt, erscheint die Manifestation der Welt und ihre fünf Elemente als Illusion. Diese Perspektive bildet den Kern der spirituellen Erleuchtung in der Yoga-Philosophie.

Das achte Chakra – Unendlichkeit

Das achte Chakra gehört nicht zum klassischen westlichen Chakrenmodell, wird jedoch hier erwähnt, da es sich ausserhalb des Körpers befindet und auf eine besondere Weise das Bewusstsein erweitert. Dieses Chakra liegt etwa vierzig Zentimeter über dem Kopf und fordert die gleiche Aufmerksamkeit, die normalerweise auf den Körper gerichtet ist, um nun in eine neue Dimension des Wahrnehmens zu fliessen – ausserhalb des physischen Körpers. Wenn die Aufmerksamkeit auf dieses Chakra gelenkt wird, tritt das Bewusstsein einen weiteren Schritt heraus aus dem individuellen Energiestrom und öffnet sich für eine universelle Dimension. Diese erweiterte Dimension liegt jenseits unserer Gedanken, die in der Regel auf der Wahrnehmung durch die Sinne basieren, und führt zu einer Erfahrung, die sich den begrenzten Möglichkeiten unseres Verstandes entzieht. Es ist wie ein Regentropfen, der in den Ozean fällt und sich auflöst, dabei seine individuelle Form verliert und in das Unbekannte übergeht.

Mit den Chakren arbeiten

Die Chakren bestimmen unseren Bewusstseinszustand. Sie fungieren als Filter, durch die wir die Welt wahrnehmen und erleben. Sie beeinflussen unsere Prioritäten und prägen unsere Weltsicht. Die unteren Chakren sind eng mit der materiellen Welt verbunden. Wenn diese Chakren aktiv sind, erleben wir das Leben aus einer verengten Perspektive, die von Überlebensinstinkten geprägt ist. Unser Ego übernimmt die Kontrolle und bestimmt unsere Motivation und unser Handeln.

In den höheren Chakren treten jedoch andere Erfahrungen in den Vordergrund. Der Körper mit seinen Begrenzungen und die materielle Welt, die oft von Mangel geprägt ist, verlieren ihre Bedeutung, und es entfaltet sich ein tiefes Vertrauen in das grosse Ganze. Wir erkennen, dass wir Teil des gesamten Universums sind, und diese Erkenntnis prägt unsere Wahrnehmung der Umwelt.

Die Chakren können sowohl blockiert als auch überaktiv sein. Wenn sie aus dem Gleichgewicht geraten, manifestieren sich Erfahrungen, die uns von unseren wahren Zielen entfernen und das Leben erschweren. Eine Blockade verringert den Energiefluss, wodurch die positiven Qualitäten der Chakren nicht zur Geltung kommen. Ist ein Chakra jedoch überaktiv, können diese Qualitäten überwältigend wirken. Die Arbeit mit den Chakren kann sich auf einzelne oder mehrere Chakren konzentrieren, aber letztlich geht es darum, ein harmonisches Gleichgewicht zwischen allen Chakren zu schaffen.

Lebenssituationen und die Chakren

Auf der Grundlage des Chakrenmodells können Praktizierende individuell festlegen, welche Chakren mit welchen Lebensaspekten verbunden sind. Es ist durchaus möglich, dass ein einzelner Aspekt mehrere Chakren beeinflusst. Die Zuordnung erfordert eine sorgfältige Betrachtung des jeweiligen Themas sowie der zugrunde liegenden Ursachen und Mechanismen, die es auslösen und aktivieren.

Zum Beispiel kann die Angst, vor Publikum zu sprechen, mit unterschiedlichen Chakren in Verbindung stehen: Sie könnte aus den Emotionen des zweiten

Chakras resultieren, wenn die Angst vor Ablehnung dominiert. Ebenso könnte sie das dritte Chakra betreffen, falls ein Mangel an Selbstvertrauen oder innerer Stärke spürbar ist. Blockaden im fünften Chakra könnten sich zeigen, wenn die Angst den Hals einengt und dadurch das freie Sprechen behindert. Oder vielleicht zeigt sich die Angst in Form endloser Gedankenspiralen, was auf eine Störung im vierten Chakra oder auch sechsten Chakra hinweisen könnte, wo Klarheit und Konzentration fehlen.

Fühlt sich jemand in seiner Kreativität eingeschränkt, könnten verschiedene Chakren beteiligt sein. Das dritte Chakra spielt eine wesentliche Rolle, da es viel kreative Energie freisetzt. Doch auch das erste Chakra könnte relevant sein, insbesondere bei kreativer Arbeit mit Materie, wie zum Beispiel in der Bildhauerei. Das zweite Chakra könnte involviert sein, wenn die kreative Blockade auf emotionaler Ebene liegt. Und das Halschakra könnte eine Rolle spielen, wenn die Herausforderung in der Kommunikation oder der Arbeit mit räumlichen Konzepten besteht.

Wenn Sexualität als Beispiel betrachtet wird, lässt sie sich auf unterschiedliche Weise mit den Chakren verbinden. Das erste Chakra steht dabei für die materielle Ebene und die Fortpflanzung, wodurch Sexualität einen direkten Bezug zur körperlichen Existenz erhält.

Die Sexualorgane befinden sich zwischen dem ersten und zweiten Chakra, weshalb das zweite Chakra ebenfalls von Bedeutung ist – insbesondere, da Sexualität oft von intensiven Emotionen begleitet wird.

Darüber hinaus könnte Sexualität mit dem dritten Chakra verknüpft sein, da viele Menschen darin auch einen Ausdruck von Macht und Kontrolle sehen. Für andere hingegen ist Sexualität ein aktiver Ausdruck der Harmonisierung von Energien, was sie mit dem Herzchakra in Verbindung bringt, das für Liebe, Verbundenheit und bedingungslose Annahme steht.

Diese Vielfalt der Zuordnungen zeigt, wie tiefgreifend und vielschichtig die energetische Betrachtung eines einzigen Themas sein kann. Dabei ist es wichtig, die Tiefe des Chakrenmodells nicht zu reduzieren und die reiche Bandbreite menschlicher Erfahrungen nicht auf starre Stereotypen oder vereinfachte Deutungen zu beschränken. Ein offener Blick ermöglicht es, die individuellen Nuancen jedes Menschen und die Einzigartigkeit jeder Situation zu erkennen und wertzuschätzen.

Übung

Probiere es selbst aus: Wähle eine Lebenssituation, die du genauer betrachten möchtest. Überlege dir alle Aspekte dieser Situation und versuche dabei, so ehrlich wie möglich zu sein. Ordne die verschiedenen Aspekte den Chakren zu. Du kannst dabei die Erklärungen zu den Chakren im Buch erneut lesen oder dich auf die Bedeutung der jeweiligen Körperbereiche und der mit den Chakren verbundenen Elemente konzentrieren.

Chakren und die Farben

Ebenfalls den Chakren zugeordnet sind die Farben des Regenbogens. Das unterste Chakra – das Wurzelchakra – wird mit der tiefsten Farbe des Regenbogens, Rot, assoziiert. Je höher die Farbe im Spektrum, desto höher ihre Frequenz. Das siebte Chakra wird mit Violett verbunden, der höchsten Farbe des Regenbogens. Wellen mit noch höheren Frequenzen sind für das menschliche Auge unsichtbar – ein Symbol für die immaterielle und unfassbare Natur der höchsten Chakren.

Das siebte Chakra wird auch mit Silber oder weissem Licht in Verbindung gebracht – eine Mischung aller Lichtfarben. Das achte Chakra hingegen kann mit der edlen Farbe Gold oder einem strahlenden Schwarz assoziiert werden. Schwarz, das in der Natur zwar als Abwesenheit von Licht auftritt, soll hier doch leuchtend und strahlend vorgestellt werden.

Energiearbeit mit den Chakren

Das Konzept der Energiearbeit bietet zahlreiche Techniken, um mit dem Chakrensystem zu arbeiten und den energetischen Körper zu öffnen und zu harmonisieren. Hier ist die Kreativität der Praktizierenden gefragt. Das einzige Gesetz lautet: Spüre, was für dich wertvoll ist, was dir Ruhe schenkt und deinen Bewusstseinszustand auf positive Weise verändert.

Die Arbeit mit den Chakren erfordert etwas mehr Zeit, da jedes Chakra unsere Aufmerksamkeit braucht. Ein guter Mittelweg sind zwei bis fünf Minuten pro Chakra. Wenn du mehr Zeit hast, kannst du jedem Chakra natürlich auch zehn Minuten widmen. Aber es geht auch schneller: Mit der Zeit kannst du dich sogar nur für wenige Atemzüge auf jedes Chakra konzentrieren – wichtig ist, dass du eine spürbare Veränderung in deinem inneren Zustand und deinem Bewusstsein wahrnimmst. Du kannst die Zeit mit einem Timer genau festlegen – es gibt zahlreiche Meditations-Apps dafür. Aber du kannst auch so lange in jedem Chakra verweilen, bis dich dein Gefühl zum nächsten Chakra zieht.

Üblicherweise beginnt man mit dem Wurzelchakra, dem ersten Chakra, und arbeitet sich dann nach oben. Auf diese Weise fördern die Chakren allmählich Leichtigkeit, inneren Überblick und erweitern das Bewusstsein. Wenn du das Gefühl hast, dass es gut für dich ist, kannst du auch länger bei einem Chakra verweilen. Achte jedoch darauf, ein ausgewogenes Verhältnis zwischen den Chakren zu wahren und keines zu überaktivieren.

In der Arbeit mit den Chakren wollen wir sie aktivieren, reinigen und harmonisieren. Hier sind mehrere Methoden, die du einsetzen kannst:

- **Die Chakren mit Muskelaktivierung wecken**
  Aktiviere jedes Chakra nacheinander durch gezielte Muskelanspannungen und feine Mikrobewegungen. Stell dir dabei vor, dass du jedes Chakra sanft von innen massierst. Nutze deine Kreativität, um Wege zu finden, auch schwer zugängliche Chakren, wie das Herzchakra oder das dritte Auge, zu erreichen – selbst wenn es zunächst unmöglich erscheint.

- **Die Chakren mit Mantren wecken**
  Lass die Chakren mit einem Klang schwingen. Du kannst ein Mantra wählen, mit dem du dich verbunden fühlst, oder die klassischen Mantren der Chakren verwenden (Lam, Vam, Ram, Yam, Ham, Om, Stille). Singe für jedes Chakra ein Mantra und lenke die Vibration deiner Stimme in das jeweilige Chakra. Du kannst jedoch auch innerlich singen, ohne die Stimme zu erheben, und dir die Vibration deines Gesangs vorstellen.

- **Die Chakren mit Licht aktivieren**
  Stell dir in jedem Chakra einen Lichtball vor. Spüre
  oder visualisiere seine Leuchtkraft und Grösse. Spüre, wie jeder Lichtball mit dem Chakra vibriert und
  es aktiviert (mehr dazu findest du auf Seite 100). Am
  Ende der Meditation kannst du alle Lichtbälle zusammen in deinem Körper wahrnehmen und ihre
  vereinte Energie spüren.

- **Die Chakren mit dem Atem aktivieren**
  Stell dir vor oder spüre, dass dein Atem der Rei-
  he nach in jedes Chakra hineinfliesst und mit
  der Ausatmung aus dem gleichen Chakra wieder
  hinausströmt.

- **Die Chakren mit dem Atem ausgleichen**
  Verwende deinen Atem, um die Achsen des jeweiligen Chakras – oben-unten, links-rechts, vorne-hin-
  ten – ins Gleichgewicht zu bringen (mehr dazu auf
  Seite 87).

- **Die Chakren mit Farben reinigen**
  Stell dir vor, wie die zugehörige Farbe leuchtend
  und hell in das jeweilige Chakra einströmt. Mit der
  Ausatmung lass diese Farbe wieder aus dem Chakra in die Umgebung fliessen und beobachte, wie die
  Farbe der ausgeatmeten Energie aussieht. Wenn die
  ausgeatmete Farbe genauso intensiv und leuchtend
  ist wie die eingeatmete, ist das Chakra gereinigt.
  Wechsle dann zum nächsten Chakra.

- **Die einzelnen Chakren mit Farben ausgleichen**
  Visualisiere bei jedem einzelnen Chakra alle Farben des Regenbogens. Verweile jeweils 2-3 Atemzüge bei jeder Farbe, bevor du zur nächsten übergehst. Nachdem du alle Farben – von Rot bis Violett – durchlaufen hast, fahre mit dem nächsten Chakra fort.

- **Die Chakren mit den Elementen ausgleichen**
  Visualisiere in jedem Chakra das zugehörige Element: Im ersten Chakra eine fruchtbare Erde oder stabile, kraftvolle Berge; im zweiten Chakra eine sanft plätschernde Wasserquelle usw. In den oberen Chakren, wie dem sechsten, siebten und achten, kannst du Raum, Licht oder eine tiefe Stille wahrnehmen.

- **Die Chakren mit ihren Qualitäten aktivieren, reinigen und ausgleichen**
  Konzentriere dich bei jedem Chakra auf seine besonderen Qualitäten. Reflektiere und erkenne, wie sich diese in deinem Leben zeigen, oder formuliere sie bewusst in einer positiven Weise. Eine detaillierte Anleitung findest du in der folgenden Meditation.

Meditation: Die Chakren mit ihren Qualitäten aktivieren, reinigen und ausgleichen

Gedanken und Einstellungen beeinflussen das Energiefeld – sie können es aktivieren, blockieren oder harmonisieren (mehr dazu auf Seite 53). In der folgenden Meditation lenkst du deine Aufmerksamkeit nacheinander auf die Chakren. Bei jedem Chakra reflektierst du die dazugehörigen Qualitäten und erkennst, wie sie sich in der Welt und in deinem Leben zeigen. Lass deine Gedanken dabei frei fliessen und schenke ihnen einen positiven und wohlwollenden Ton.

Wenn unangenehme Situationen oder Gefühle auftauchen, versuche bewusst, dich in einen liebevollen Bewusstseinszustand zu versetzen. Lade dich dazu ein, diese Erfahrungen mit Wohlwollen zu betrachten, eine positive Bedeutung darin zu erkennen und sie in eine wertvolle Bereicherung umzuwandeln. Mit der Aufmerksamkeit und Anerkennung, die du den Chakren widmest, wirst du sie wecken. Durch deine liebevolle Positivität kannst du Blockaden lösen und die Chakren ins Gleichgewicht bringen.

Für die Meditation ist es hilfreich, die Qualitäten der Chakren zu kennen. Lies dazu die Auflistung der fünf Elemente und der acht Chakren im vorherigen Kapitel. Verweile 2–4 Minuten bei jedem Chakra. Du kannst dafür eine Stoppuhr nutzen oder dich nach deinem Gefühl richten. Nimm dir am Ende der Meditation ebenfalls 2–4 Minuten Zeit, um dein Energiefeld als Einheit zu spüren und es zu harmonisieren. Bereite dich darauf vor, während der Meditation in einer bequemen und ruhigen Sitzposition zu verweilen.

Setze dich bequem hin und nimm deine Wirbelsäule wahr. Spüre, wie dein Atem entlang der Wirbelsäule fliesst. Lass deinen Körper auf natürliche Weise atmen, ohne etwas verändern zu wollen, und geniesse das Gefühl, ganz präsent zu sein.

Erstes Chakra: Richte deine Aufmerksamkeit auf dein erstes Chakra – das Wurzelchakra – und spüre gleichzeitig den Kontakt zum Boden unter dir. Nimm wahr, wie der Boden dich trägt und unterstützt. geniesse die Präsenz deines Körpers im Raum.

Werde dir der Erdung bewusst, die dir das Gefühl deines Körpers und die Stabilität des Bodens schenkt. Spüre Dankbarkeit dafür.

Denke an alle greifbaren Objekte in deinem Leben, die du berühren kannst. Sei diesen Dingen dankbar. Richte deine Aufmerksamkeit auf das Haus, in dem du lebst, das dich schützt und dir Geborgenheit bietet.

Denke an die Bereiche deines Lebens, die mit materiellen Dingen verbunden sind oder die dir Stabilität und Halt geben. Selbst wenn diese Dinge manchmal Enge oder Unbequemlichkeit hervorrufen, erlaube dir, eine positive Beziehung zu ihnen aufzubauen und sei ihnen dankbar. Das könnten die Erde in deinem Garten, die Möbel in deinem Zuhause oder das Essen sein, das dich nährt. Vielleicht ist es auch die Arbeit, die dich fordert und manchmal stresst, oder der Zustand deines Autos. Schätze diese materiellen Dinge in deinem Leben, segne sie und erkenne an, wie sie dich unterstützen und dir dienen.

Zweites Chakra: Richte deine Aufmerksamkeit auf dein zweites Chakra, den Bereich deines unteren Bauchs. Stell dir eine sprudelnde Wasserquelle vor und nimm wahr, wie das Wasser fliesst. Du kannst dir auch andere fliessende Materialien, wie zum Beispiel flüssigen Honig, vorstellen. Lass deiner Fantasie freien Lauf. Was kann sonst noch alles fliessen? Zum Beispiel Geld, Informationen oder Energie. Wo kannst du in deinem Leben einen Fluss spüren? Welche Situationen oder Bereiche könnten mehr Fluss vertragen? Segne diese Aspekte mit deiner Aufmerksamkeit und Dankbarkeit.

Erkenne die Beziehungen, die du in deinem Leben pflegst. Sieh diese Verbindungen in einem liebevollen, umarmenden Licht. Spüre, wie du Emotionen mit anderen Menschen teilst und wie eure Beziehungen diesen Austausch unterstützen.

Gibt es Ängste, die du in Bezug auf Beziehungen spürst? Vielleicht eine Angst, eine Beziehung zu verlieren, oder die Scheu, eine neue einzugehen?

Erinnere dich an ein Ereignis in deiner Kindheit, als du dich überwältigt gefühlt hast. Stell dir vor, dieses Kind steht jetzt vor dir, in diesem Moment der Verletzlichkeit. Öffne dein Herz und deine Arme für dieses Kind. Versprich ihm, dass alles gut ist, genau so, wie es ist. Lass es deine Liebe tief in dir spüren und öffne dich, um auch die Wärme und Geborgenheit deines inneren Kindes zu empfangen.

Drittes Chakra: Lade dich ein, den Raum des dritten Chakras zu betreten. Spüre dort ein sanftes, glühend heisses Feuer. Geniesse die Wärme und fühle, wie dieses Feuer dir Kraft und Selbstbewusstsein schenkt. Lass es deine Mitte erleuchten. Erlaube deinen Gedanken, mit neuer Klarheit erleuchtet zu werden. Was motiviert dich? Was weckt in dir die Kraft, aktiv zu handeln. Erkenne, dass du Entscheidungskraft hast, und dass du die innere Kraft hast, Hindernisse zu überwinden und Berge zu verschieben, um positive Veränderungen zu bewirken. Sende Liebe an die Situationen in deinem Leben, in denen du mehr Entscheidungskraft und Durchsetzungsvermögen benötigst. Wie gehst du mit Konflikten um? Lade Liebe und Klarheit zu deinen Konflikten ein.

Viertes Chakra: Lenke deine Aufmerksamkeit zu deinem Herzraum. Spüre das Element Luft, wie es sanft durch den Raum weht und sich frei und spontan bewegt. Erkenne, wie die unendliche Bewegung der Luft die rastlose Bewegung deiner Gedanken widerspiegelt – Gedanken, die keine Ruhe finden, deren Stimmen dich immer wieder ablenken und oft ungefragt oder in den unpassendsten Momenten auftauchen.

Spüre jetzt, wie die Bewegung der Luft langsamer und ruhiger wird, und erlaube auch deinen Gedanken, allmählich zur Ruhe zu kommen. Geniesse die innere Stille und erlaube dir, in den Raum hinter den Gedanken zu gelangen. Entdecke die Herrlichkeit deines Herzens, die hinter all diesen Gedanken liegt. Spüre dabei die Wärme deines Herzens, die dich trägt und erfüllt.

Lass Liebe und Mitgefühl in dir aufsteigen, sowohl für dich selbst als auch für andere. Fühle, wie du in deinem Herzraum Ruhe, Geborgenheit und Frieden findest. Geniesse diese bedingungslose Liebe, die einfach da ist und ohne Grund ausstrahlt. Atme hier noch ein paar liebevolle Atemzüge.

Fünftes Chakra: Richte deine Aufmerksamkeit sanft auf deinen Halsraum. Spüre, wie er von aussen vielleicht eng erscheinen mag, doch im Inneren eine unendliche Weite birgt. Dort herrscht das Element Raum – grenzenlos und frei. Erlebe die Tiefe und Weite, die im Halsraum verborgen liegen, und denke daran, wie sich Raum und Weite überall in der Welt manifestieren. Spüre den Abstand zwischen den Objekten und den inneren Raum in jedem Atom. Stell dir vor, wie die Dinge um dich herum durch diese innere Weite leichter und durchlässiger werden, während ihre festen Grenzen sanft schmelzen. Denke an die unendliche Weite des Himmels und des Universums.

Erkenne, wie Kommunikation den Raum zwischen dir und anderen überbrücken kann. Lass deinen Hals sich öffnen, um frei und ehrlich mit der Welt um dich herum zu kommunizieren. Erlaube deinem Hals, deine Bedürfnisse klar und liebevoll auszudrücken sowie deine Gedanken und Gefühle aufrichtig weiterzugeben. Spüre, wie dein Hals sich öffnet, um die Verbindung zwischen deinem Bauch, deinem Kopf, deiner Intuition und deinem Verstand zu stärken. Lass jede Enge in deinem Hals schmelzen und geniesse die neue Leichtigkeit, Weite und Freiheit, die sich in diesem Raum ausbreitet.

Sechstes Chakra: Lenke nun deine Aufmerksamkeit in den Kopfraum. Hier wird alles noch leichter und die Schwerkraft verliert ihre Anziehungskraft. In diesem Raum wird Weisheit freigesetzt und in Gefühle und Worte übersetzt. Hier breitet sich spirituelle Klarheit aus, und das Bewusstsein wird durch die Augen in der Aussenwelt ersichtlich, da alles, was wir sehen, ein Ausdruck unseres inneren Bewusstseins ist.

Erkenne den stillen Beobachter in dir – jenes bewusste Selbst, das den Strom der Gedanken und Empfindungen wahrnimmt, ohne sich in ihnen zu verlieren. Spüre, wie der Fluss der Gedanken an dir vorüberzieht, ohne dich zu fesseln, und Raum für Klarheit und tiefe Ruhe entsteht.

Mit jedem Moment des Loslassens entfaltet sich ein Gefühl von Leichtigkeit und innerem Frieden. Erlaube dir, dich in diese Unbeschwertheit hineinfallen zu lassen, und erlebe, wie Klarheit und Gelassenheit deinen Geist durchdringen und dir einen weiten, offenen Raum des Seins schenken.

Siebtes Chakra: Lass deine Aufmerksamkeit sanft nach oben klettern, bis sie deinen Scheitelpunkt, die Krone deines Kopfes, erreicht. Erlaube diesem Bereich, mit einem hellen, reinen, weissen Licht erfüllt zu werden. Hier bist du dem Ursprung deiner Energie ganz nah – das primäre Licht, rein und unverändert, bevor es durch die Chakren fliesst und sich in der Vielfalt des Lebens manifestiert.

Stell dir das Licht eines Filmprojektors vor, bevor es den Filmstreifen erreicht, bevor es Formen, Farben und Geschichten annimmt. Es ist pures, unverfälschtes Licht – frei von jeglichen Bildern oder Interpretationen.

In ähnlicher Weise bleibt die Ursprungsenergie in dir unverändert, bevor sie durch die Chakren strömt und sich in die Welt projiziert, sie ist unveränderlich und vollkommen neutral. Erlaube dir, mit dieser Ursprungsenergie in Kontakt zu treten. Sie erinnert dich daran, dass hinter allen Erscheinungen des Lebens eine reine, kraftvolle Quelle liegt – unberührt von den wechselnden Bildern deines Lebensfilms.

Lass dieses neutrale, klare Licht deine Präsenz durchdringen. Spüre seine strahlende Helligkeit und die immense Stärke, die weit über das hinausgeht, wie es sich in der materiellen Welt zeigt. Von diesem erhöhten Standpunkt aus verlieren die Phänomene des Lebens ihre Schwere, ihre Last und scheinbare Wichtigkeit. Alles wird leichter, und du erlebst eine tiefe Freiheit, getragen von der Kraft und Reinheit dieses ursprünglichen Lichts.

Achtes Chakra: Das achte Chakra befindet sich über dem Kopf, ausserhalb der physischen Grenzen unseres Körpers. Wenn wir die Metapher des Filmprojektors weiterführen, entspricht die Energie dieses Chakras dem Stromnetz, das den Projektor überhaupt mit Energie versorgt. Es ist die ursprüngliche Kraft, die das gesamte System mit Leben erfüllt.

Wenn du deine Aufmerksamkeit auf diesen Punkt richtest, kannst du vielleicht eine laute Stille hören – so, wie wir sie manchmal an sehr ruhigen Orten erleben. Oder vielleicht kannst du eine leuchtende Dunkelheit wahrnehmen, wie einen klaren Nachthimmel, weit entfernt von künstlichen Lichtquellen. Dieses Chakra führt uns zur Quelle des Unbekannten, des grenzenlosen Potenzials und des Mysteriums. Hier werden wir eingeladen, uns in diesem Raum des Nichtwissens und der grenzenlosen Möglichkeiten heimisch zu fühlen, das Geheimnisvolle zu umarmen und in der unendlichen Weite der Existenz zu verschmelzen.

Komme sanft zurück zur Bewegung deines Atems im Körper. Spüre die Präsenz deines Körpers im Raum. Erlebe dein gesamtes energetisches Feld als leuchtend und hell und spüre, wie der Atem in ihm sanft und ruhig fliesst. Verweile hier für ein paar Atemzüge.

Bereite dich nun darauf vor, die Meditation zu beenden. Spüre das Gewicht deines Körpers, wie er auf dem Untergrund ruht, und nimm die Position deines Körpers im Raum wahr. Lass alles, was du während der Meditation erfahren hast, sanft in deinem Bewusstsein verweilen. Wenn du bereit bist, öffne langsam deine Augen.

Diese Meditation ermöglicht es dir, die Chakrenreise auch als eine Leiter zu erleben – eine Leiter, die dich zu höheren Perspektiven führt: von der Welt der greifbaren Welt der Materie hin zur unendlichen Weite des Geistes und darüber hinaus. Wie ein Strom, der seinem natürlichen Fluss folgt, bis er im Ozean mündet und sich mit dem unendlichen Ursprung vereint.

Meditation: Die Chakren mit ihren Qualitäten von oben nach unten erleben

In dieser Meditation erhalten die Qualitäten der Chakren eine etwas andere, vielleicht tiefere Bedeutung. Indem wir die Chakrenreise vom achten Chakra aus beginnen, eröffnet sich eine neue Perspektive – eine Einsicht, die uns über die gewohnten Ebenen des Bewusstseins hinausführt.

Der Beginn der Meditation im spirituellen Ursprung, in der Quelle, führt uns zu einer erweiterten Sicht auf die Geschichte unserer Entstehung. Eine andere Schöpfungsgeschichte – die Wurzeln unserer Existenz – wird in einem neuen Licht betrachtet. Diese Geschichte ist nur eine von vielen möglichen Geschichten, doch sie drückt eine tiefgehende spirituelle Perspektive aus, die oft in der Mystik, der Philosophie und bestimmten spirituellen Traditionen zu finden ist: dass wir aus unserem Bewusstsein heraus erschaffen wurden. Wir sind nicht ein Körper, der Bewusstsein trägt, sondern ein Bewusstsein, das sich durch einen Körper ausdrückt.

Sitze bequem und nimm deine Wirbelsäule wahr. Spüre, wie dein Atem entlang der Wirbelsäule fliesst. Lass deinen Körper auf natürliche Weise atmen, ohne etwas verändern zu wollen, und geniesse das Gefühl, ganz präsent zu sein.

Achtes Chakra: Bringe deine Aufmerksamkeit sanft zum achten Chakra, das sich über deinem Kopf befindet – jenseits der physischen Grenzen deines Körpers. Nimm dir einen Moment, um diesen unendlichen Raum wahrzunehmen, der sich hier öffnet. Lass dich mit jedem Atemzug tiefer in diese Weite gleiten und spüre, wie du mit der grenzenlosen Stille, die dich umgibt, eins wirst.

In diesem Raum löst sich alles auf: dein Körper, deine Gedanken, deine Persönlichkeit – alles, was du zu sein glaubst. Spüre die pure, unendliche Weite. Lass dich von dieser Unendlichkeit tragen und erkenne, dass du selbst dieser Raum bist. Bleibe hier, in dieser vollkommenen Freiheit, und geniesse das Gefühl von Einheit und zeitloser Leichtigkeit.

Siebtes Chakra: Spüre nun einen sanften Impuls, etwas zu werden. Folge der Einladung, das Licht des siebten Chakras zu verkörpern. Spüre, dass du jetzt eine eigenständige Präsenz bist – du bist gerade ein Licht geworden, das zugleich individuell ist und doch mit allem verbunden. Tauche ein in diesen Zustand des Einsseins, wie ein Stern, der am dämmernden abendlichen Himmel plötzlich erscheint. Erlaube dir, in dieser neuen Form des Seins zu verweilen, in der du sowohl deine Einzigartigkeit als auch deine untrennbare Verbindung zum Ganzen erfährst. In diesem unendlichen Licht, das du bist.

Sechstes Chakra: Beobachte, wie dieses neutrale, reine Licht allmählich beginnt, neue Ideen und Visionen im Raum des sechsten Chakras zu formen. Sieh, wie diese noch abstrakten Gedanken allmählich Farbe und Form annehmen. Erlaube dir, Zeuge dieses kreativen Prozesses zu sein und geniesse die Erfahrung, wie diese

Visionen vor deinen inneren Augen entstehen und sich entfalten. Vielleicht tauchen auch Worte auf, und die Formen beginnen Namen und Bedeutung zu erhalten. Nimm wahr, wie die Visionen auch ausserhalb von dir in Bilder und Worte übergehen. Merke, wie die Umwelt um dich herum geschaffen ist.

Fünftes Chakra: Erlaube deiner Aufmerksamkeit, tiefer zum Halsraum zu sinken. Beobachte, wie sich nun Objekte in deiner Umgebung manifestieren, wie sie in ihrer dreidimensionalen Form Tiefe und Bedeutung gewinnen. Zwischen den Objekten liegen Raum und Weite. Spüre, wie alles miteinander verbunden ist, in einem stetigen Austausch und in Interaktion. Die Kommunikation ist fast greifbar, sie fliesst durch alles und verbindet alles miteinander. Du erkennst, dass auch du eine Stimme und Ausdruckskraft hast, mit der du deine Umgebung beeinflussen und verändern kannst.

Viertes Chakra: Diese tiefe Verbindung lädt dich in den Herzraum ein. Hier öffnet sich eine neue Dimension von Kommunikation, eine neue Empfindung – ein Gefühl von Liebe. Es ist eine reine, bedingungslose Liebe, die du in dir spürst. Sie ist allumfassend und durchdringt alles, was du wahrnimmst. In diesem Fluss bist du mit allem verbunden. Spüre, wie dein Herz einen Strom aus Liebe erzeugt. Erlaube es diesem Gefühl, dich vollständig zu erfüllen. Lass es sanft aus deinem Inneren herausfliessen und sich in deiner Umgebung ausbreiten.

Während dieser Fluss konstant und beständig bleibt, erkennst du, dass alles um dich herum in ständiger Bewegung ist – in einem Zustand der Fluktuation. Alles verändert sich kontinuierlich. Und auch du kannst dich frei in diesem Raum bewegen.

Drittes Chakra: Im Raum des dritten Chakras geniesst du die Möglichkeit, dich zu bewegen und auch zu handeln. Du möchtest nun etwas erreichen, aktiv in deiner Welt sein. Du spürst deine Kraft, deine Selbstbestimmung. Du merkst, dass du durch deine Handlungen die Welt um dich herum beeinflussen und verändern kannst. Du erkennst deinen Platz in der Welt und spürst, wie du ihn selbstbewusst einnimmst. Dieses Bewusstsein für deine innere Stärke lässt dein Ich-Gefühl stark und präsent werden, wenn du deinen Zielen Vorrang gibst.

Spüre die Energie, die dich dazu befähigt, Entscheidungen zu treffen und deinen eigenen Weg zu gehen. Diese Energie hilft dir, dich selbst immer besser zu erkennen und in einer vollen Authentizität zu leben.

Zweites Chakra: Jede Erfahrung und jede Empfindung macht die Welt lebendiger, greifbarer und vielschichtiger. Du tauchst tief in das Leben ein, und die unendliche Weite des achten Chakras scheint nun in den Hintergrund zu treten. Die Geschichte, die du erschaffst, wird reicher, intensiver und bedeutungsvoller. Diese wachsende Komplexität offenbart Beziehungen mit Menschen, die du mit deiner unmittelbaren Umgebung aus dem zweiten Chakra pflegst.

Emotionen – die verminderten Fragmente der Liebe – durchdringen und bereichern deine Beziehungen, prägen dein Wohlbefinden und ermöglichen dir, die Welt auf eine tiefere, intensivere Weise zu erfahren. In einem Netzwerk gegenseitiger Unterstützung und Fürsorge, in Verbundenheit und Mitgefühl, findest du Geborgenheit.

Der Fluss des Lebens wird so vielschichtig, dass er oft unbewusst und automatisch abläuft – von inneren Antrieben und äusseren Kräften gelenkt. Doch gerade in diesem Fluss verbirgt sich die neue Essenz des Lebens, die Tiefe und Fülle deiner emotionalen Erfahrungen. Dein Glück ist untrennbar mit anderen verbunden – mit ihrer Nähe, ihren Gefühlen und den wertvollen Verbindungen, die ihr miteinander teilt.

Erstes Chakra: Im ersten Chakra erscheint der Film des Lebens realer als je zuvor, und du identifizierst dich vollständig mit deiner Rolle darin. Du bist in deiner eigenen Realität angekommen – du bist jetzt ein Körper – greifbar für dich selbst und für die verkörperte Welt um dich herum. Der Fluss des Lebens verdichtet sich zu Materie, die du nun berühren kannst – und die dich berührt.

Du bist ein Körper, der ein Individuum mit Gefühlen und Bedürfnissen verkörpert. Dein Sein wird durch diesen Körper begrenzt, doch gerade diese Begrenzung eröffnet dir eine Fülle an Erfahrungen, die nur in dieser Form möglich sind.

Jetzt bist du wirklich am Leben. Du bist Fleisch und Blut, verankert und in der Welt präsent, verwurzelt in der Erde der Welt.

Spüre, wie dein Atem durch deinen Körper strömt. Nimm den Boden unter dir wahr. Verlängere deine Wirbelsäule und fühle, wie du aus der Unterstützung des Bodens heraus wachsen kannst. Atme tief ein und aus. Halte deine Augen noch geschlossen, bewege sanft deinen Körper und strecke dich leicht. Wenn du bereit bist, dich mit einer neuen Perspektive in den Fluss des Lebens zu begeben, öffne langsam deine Augen.

Ach, das Leben ist doch schön – wenn wir uns daran erinnern, woher wir kommen und was wir wirklich sind.

Epilog: Der Weg geht weiter

Auch wenn das Buch zu Ende geht, hoffe ich, dass deine innere Reise weiterhin in dir lebendig bleibt. Energiearbeit ist letztlich eine Sprache – die Sprache deiner tiefsten Essenz und deiner Seele. Du hast diese Sprache gelernt, doch nun gilt es, sie anzuwenden. Wie beim Erlernen einer Sprache macht Übung den Meister.

Nimm dir Zeit, die Meditationen in diesem Buch zu wiederholen. Wähle eine Meditation aus und übe sie täglich, bis du einen Impuls spürst, eine neue Meditation auszuprobieren. Wähle Meditationen, die dich ansprechen, aber greife ab und zu auch zu einer Meditation, die dir noch nicht ganz vertraut ist. Neue Meditationen werden auf *www.yogado.org/meditationen* verfügbar sein.

Lass Energiearbeit zu einer lebendigen Sprache werden. Finde deinen eigenen Ausdruck und deine

Redewendungen, die dich mit deinem energetischen Körper verbinden. Erlaube dir, diese Sprache intim und liebevoll zu gestalten. Schliesslich geht es um deine eigene Energie. Schliesslich geht es um dein befreites, authentisches Selbst!

Lass uns in Kontakt bleiben! Falls du Fragen hast oder deine Erfahrungen teilen möchtest, würde es mich sehr freuen, von dir zu hören.

Mein Email lautet: *yogado.info@gmail.com*

Danke

Dankbarkeit ist ein Bewusstseinszustand, in dem die Energie frei fliesst. Manchmal kann Dankbarkeit grundlos aufkommen, doch heute habe ich einen besonderen Grund zum Feiern und ich bin tief dankbar. Ich schreibe die letzten Worte dieses Buches.

Ich habe so viel von vielen Menschen gelernt, die meine Reise bereichert und mich auf meinem Weg begleitet haben. Für sie und für alle Momente, Ereignisse und Begegnungen bin ich zutiefst dankbar. Sie haben mich bis zu diesem Moment getragen. Dieses Buch ist mein Dankeschön an die Menschen, die bewusst oder unbewusst meine Lehrer waren.

Deutsch ist nicht meine Muttersprache, und dieses Buch hätte ich ohne die Hilfe meines nun neuen Freundes ChatGPT nicht realisieren können. Er hat allerdings nicht zwinkern oder erröten können, als dieser Satz als Prompt gesendet wurde – aber trotzdem bin ich ihm sehr dankbar!

Noch möchte ich Ruedi Tschopp für seine wertvollen Anmerkungen und Gedanken danken sowie meiner Familie für ihre Geduld und Unterstützung. Sie konnten mir bei vielen Fragen helfen. Ein besonderer Dank geht auch an Brigitte Nickel, die das Buch korrekturgelesen hat.

Ein letztes Dankeschön geht an dich, der dieses Buch gelesen hast – bis zu diesem letzten Wort.